8급

머리말

한자 공부는 왜 하는 거예요?

1. 우리 말은 70% 이상이 한자어로 만들어져 있어요. 그래서 한자를 알면 친구들이 우리 말의 뜻을 더 쉽게 이해할 수 있어요.

2. 한자는 좌뇌와 우뇌를 동시에 자극해서 머리가 똑똑해지고 낱말의 의미를 잘 이해할 수 있어서 수학, 사회, 과학의 개념 학습에도 도움이 되어요.

3. 한글 창제 이전에 한자로 적힌 기록을 이해할 수 있어요.

4. 제2외국어로 중국어나 일본어를 학습할 때 도움이 되어요.

한자는 어떻게 구성되어 있어요?

한자는 한 글자 한 글자마다 형(形), 음(音), 의(義)가 있어요.

형(形) 한자가 가지고 있는 자체의 모양

음(音) 한자마다 구별할 수 있는 한자를 읽는 소리

의(義) 한자가 가지고 있는 뜻을 의미, 훈(訓)이라고 부르기도 해요.

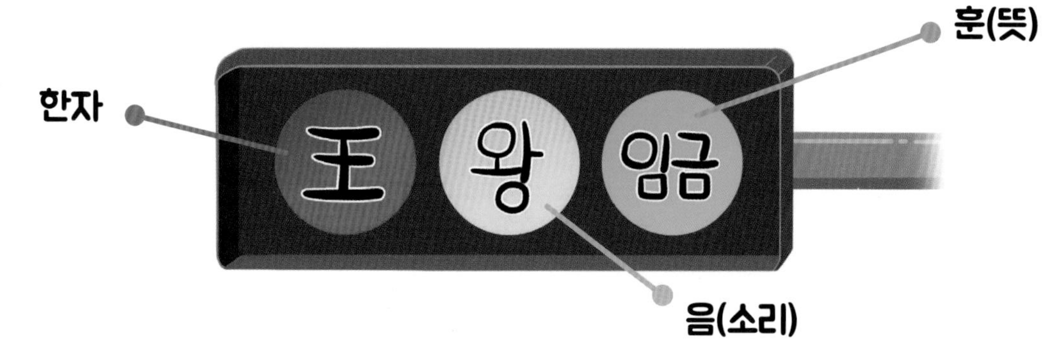

부수는 무엇인가요?

부수는 뜻으로 나누어진 한자의 무리에서 뜻을 대표하는 글자예요. 한자의 뜻은 부수와 관련이 있어서 부수를 알면 한자를 쉽게 이해할 수 있어요. 사전을 찾을 때도 부수를 알면 쉽게 한자를 찾을 수 있어요. 일반적으로 214개의 부수로 분류하여 사용하고 있어요. 부수는 위치마다 여러 가지 이름으로 불리우니까 친구들도 한번 살펴보세요.

한자는 어떻게 써야 하나요?

한자를 보면 그림처럼 보이기도 하고 어떻게 써야 할지 어렵게 보일 수 있어요. 규칙에 맞게 붓으로 한자의 획을 쓰는 순서를 필순이라고 해요. 기본적인 한자 쓰는 순서를 익혀보아요.

1. 위에서 아래로 써요. 

2. 왼쪽에서 오른쪽으로 써요. 

3. 가로획을 먼저 쓰고 세로획을 써요. 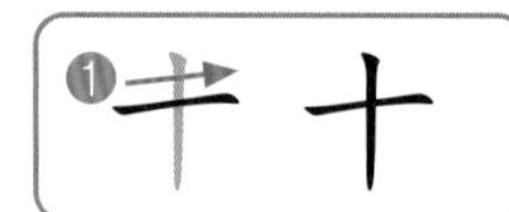

4. 왼쪽과 오른쪽의 모양이 같으면 가운데를 먼저 써요. 水 水 水 水

5. 바깥쪽을 먼저 쓰고 안쪽을 나중에 써요. 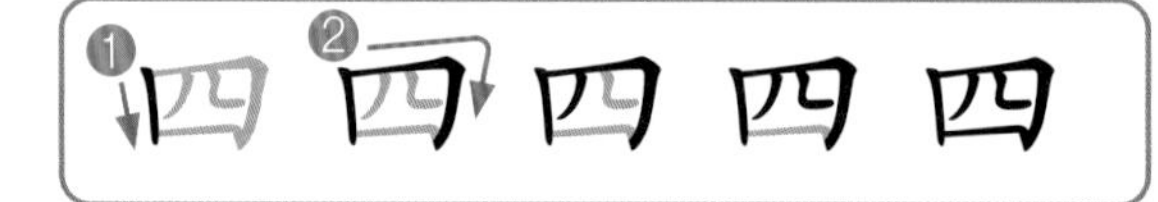

6. 삐침을 먼저 쓰고 파임을 나중에 써요. 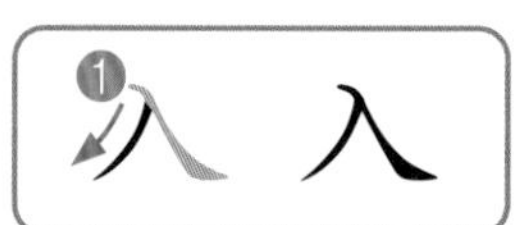

7. 글자 전체를 위에서 아래로 꿰뚫는 획은 나중에 써요. 申 申 申 申 申

8. 받침은 나중에 써요. 道 道 道 道 道 道 道 道 道 道 道 道 道

9. 오른쪽 위의 점은 마지막에 찍어요. 代 代 代 代 代

차례

이 책의 구성

재미있는 전래동화 이야기

단계별로 주제와 어울리는 한자를 모았어요.

배울 한자를 제시하였어요.

문장 힌트를 읽고 그림 속에서 숨은 한자 찾아보아요.

어떤 이야기장면인지 설명이 들어 있어요.

하루에 두 글자씩 한자를 익혀요

그림과 설명으로 한자의 원리를 재미있게 익혀요.

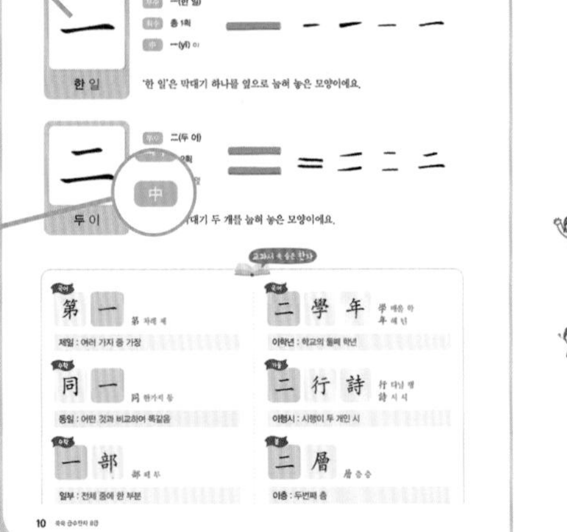

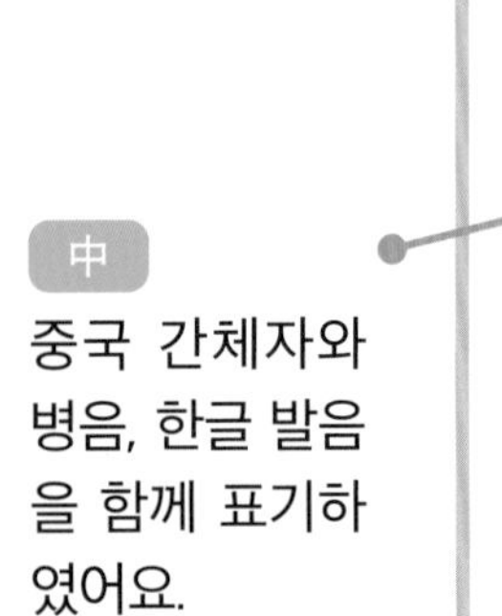

中

중국 간체자와 병음, 한글 발음을 함께 표기하였어요.

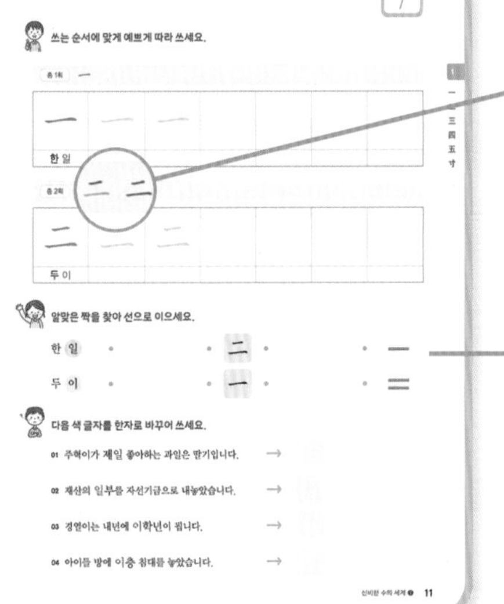

획순을 따라 바르게 써보아요.

신나는 연습문제로 그날 배운 한자들을 확인해보아요.

연습문제

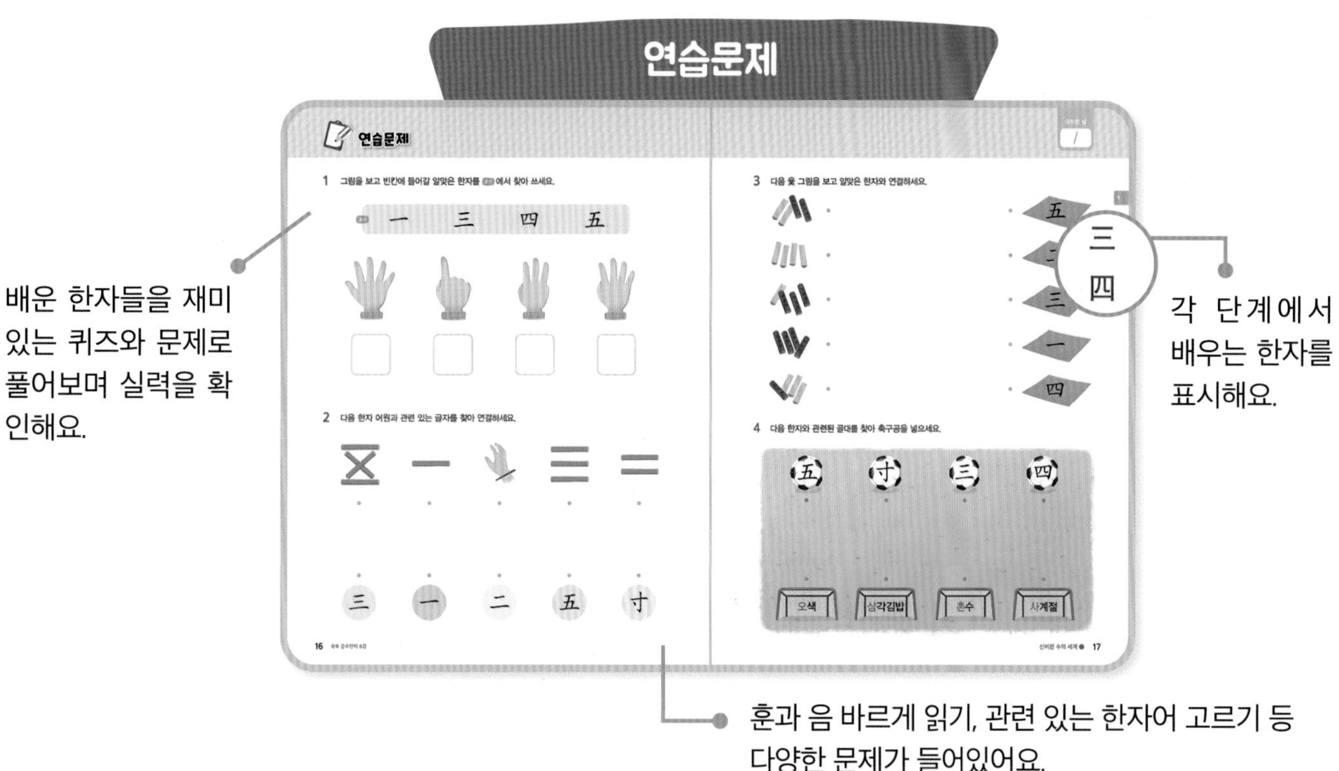

배운 한자들을 재미있는 퀴즈와 문제로 풀어보며 실력을 확인해요.

각 단계에서 배우는 한자를 표시해요.

훈과 음 바르게 읽기, 관련 있는 한자어 고르기 등 다양한 문제가 들어있어요.
자기주도학습으로 혼자 할 수 있어요.

기출 · 예상문제

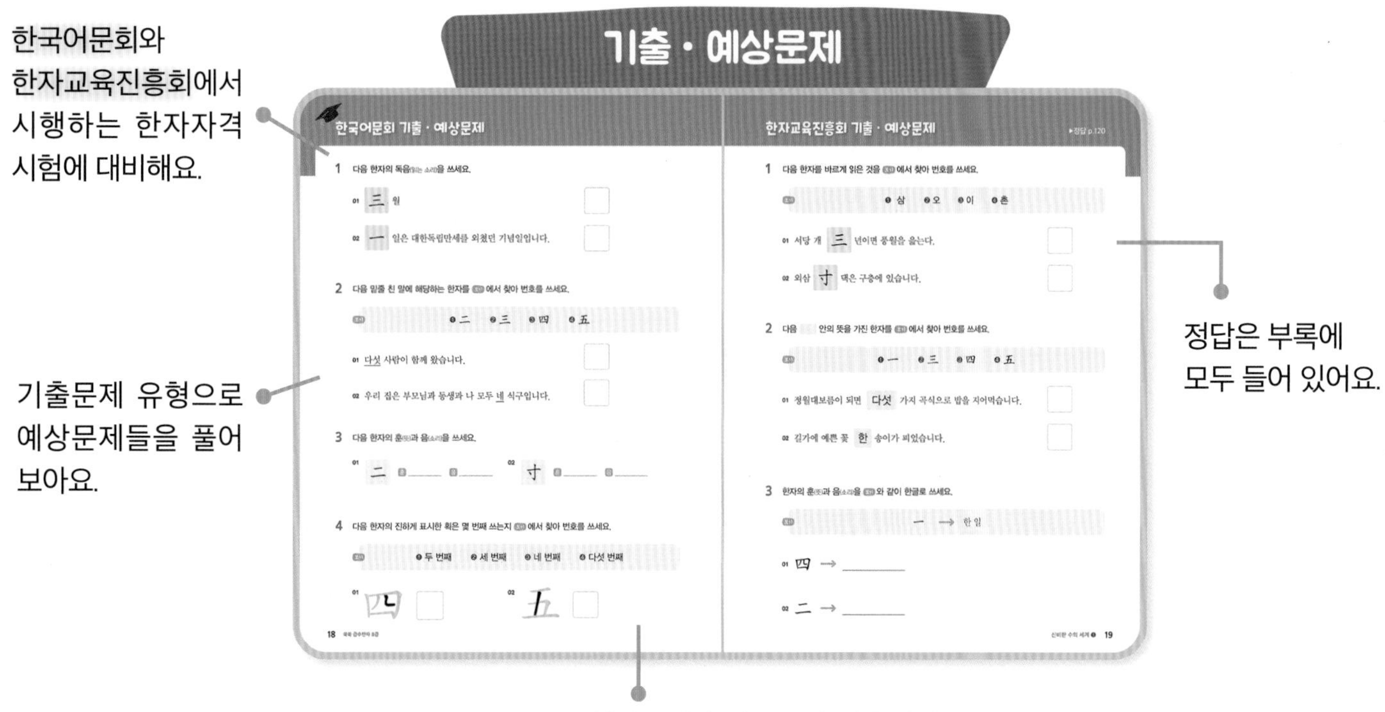

한국어문회와 한자교육진흥회에서 시행하는 한자자격 시험에 대비해요.

기출문제 유형으로 예상문제들을 풀어 보아요.

정답은 부록에 모두 들어 있어요.

확인문제와 연습문제, 기출예상문제로
총 3회 이상 반복하여 복습할 수 있어요.

1 단계
신비한 수의 세계 ①
창고의 쇠창살이 가로로 세三 줄 연결되어 있네요.
고삐를 찬 소의 얼굴이 네모四나게 생겼어요.
부자가 손 마디寸를 내보이며 양반 문서를 가리키고 있어요.
문장 힌트를 읽고 그림 속에 숨은 한자를 찾아봅시다.
一 二 三 四 五 寸

"양반전"은 박지원이 지은 한문소설이에요. 빚이 많은 가난한 양반은 신분이 천한 부자에게 양반 문서를 팔려고 했어요. 하지만 양반의 조건이 너무 까다로워서 부자는 양반 신분을 사양하였다는 이야기예요.

내가 일(一)등이고 친구가 이(二)등이에요.

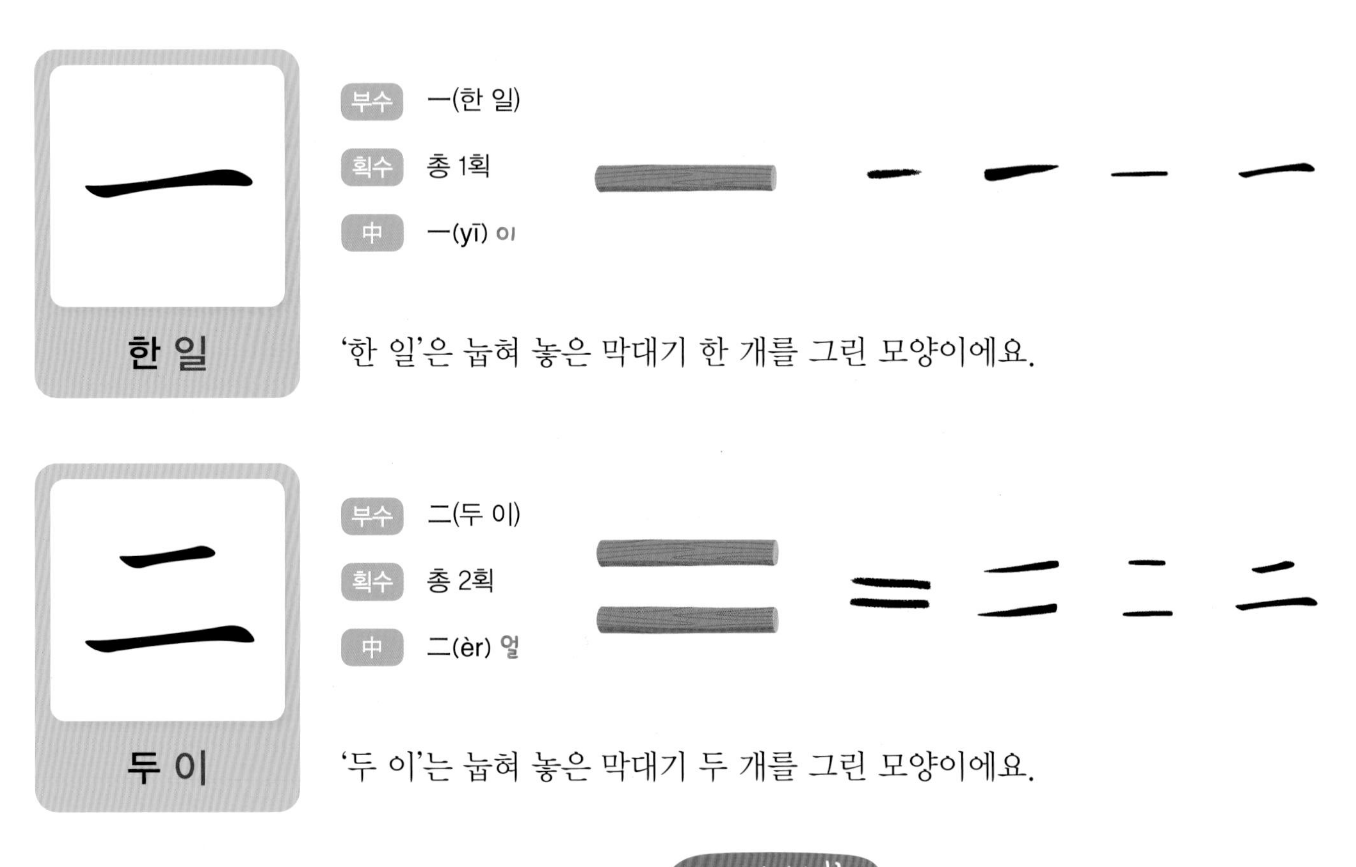

'한 일'은 눕혀 놓은 막대기 한 개를 그린 모양이에요.

'두 이'는 눕혀 놓은 막대기 두 개를 그린 모양이에요.

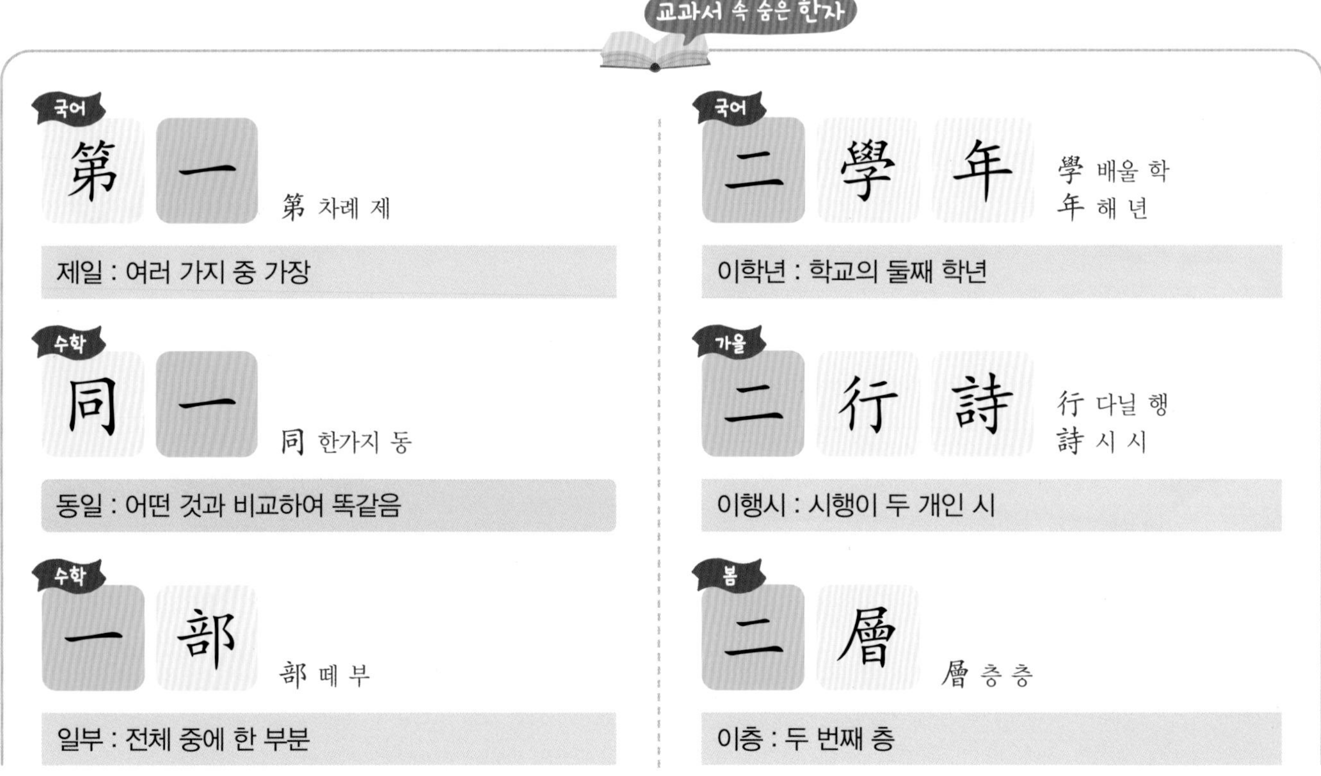

쓰는 순서에 맞게 예쁘게 따라 쓰세요.

총 1획 一

一	一	一				
한 일						

총 2획 二 二

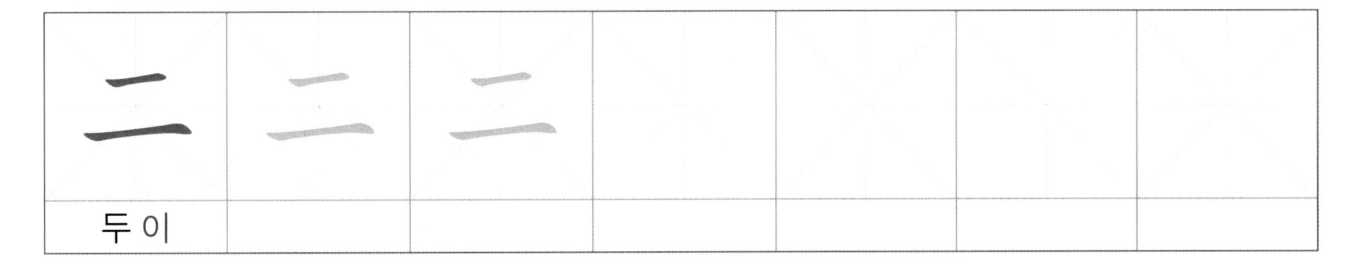

二	二	二				
두 이						

알맞은 짝을 찾아 선으로 이으세요.

한 일 •	• 二 •	• 一
두 이 •	• 一 •	• 二

다음 밑줄 친 글자를 한자로 바꾸어 쓰세요.

01 주혁이가 제일 좋아하는 과일은 딸기입니다. →

02 재산의 일부를 자선기금으로 내놓았습니다. →

03 경열이는 내년에 이학년이 됩니다. →

04 아이들 방에 이층 침대를 놓았습니다. →

삼(三)촌의 아들은 나와 사(四)촌이에요.

석 삼

부수 一(한 일)

획수 총 3획

中 三(sān) 싼

'석 삼'은 눕혀 놓은 막대기 세 개를 그린 모양이에요.

넉 사

부수 口(큰입구몸)

획수 총 5획

中 四(sì) 쓰

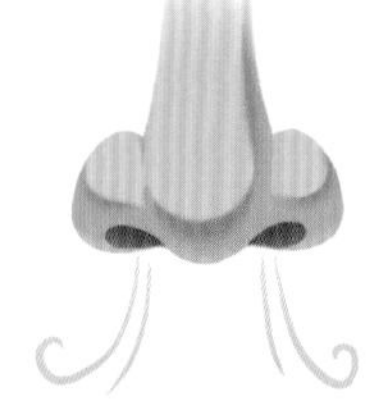

'넉 사'는 코에서 바람이 나오는 모양으로 나중에 넷을 표현하게 되었어요.

교과서 속 숨은 한자

국어

外 三 寸

外 바깥 외
寸 마디 촌

외삼촌 : 어머니의 남자 형제

가을

四 季 節

季 계절 계
節 마디 절

사계절 : 봄, 여름, 가을, 겨울 네 가지 계절

가을

三 千 里

千 일천 천
里 마을 리

삼천리 : 1,200km, 우리나라 전체

가을

四 寸

寸 마디 촌

사촌 : 아버지나 어머니 형제의 자녀

국어

三 角

角 뿔 각

삼각 : 세모, 삼각형

봄

四 方

方 모 방

사방 : 동, 서, 남, 북의 네 방향

쓰는 순서에 맞게 예쁘게 따라 쓰세요.

총 3획 三 三 三

三	三	三				
석 삼						

총 5획 四 四 四 四 四

四	四	四				
넉 사						

다음 그림의 알맞은 한자를 찾아 ○표 하세요.

다음 밑줄 친 글자를 한자로 바꾸어 쓰세요.

01 동수는 친구들과 편의점에서 삼각김밥을 사 먹었습니다. →

02 한국은 봄, 여름, 가을, 겨울 사계절이 뚜렷합니다. →

03 집에 오랜만에 사촌동생이 놀러 왔습니다. →

04 남북한을 합친 한반도의 길이가 약 삼천리입니다. →

아버지의 오(五)형제를 모두 나는 삼촌(寸)이라고 불러요.

다섯 오

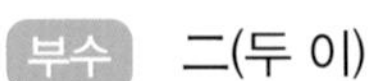

부수 二(두 이)

획수 총 4획

中 五(wǔ) 우

'다섯 오'는 엇갈리게 놓은 막대기 두 개를 그린 모양이에요.

마디 촌

부수 寸(마디 촌)

획수 총 3획

中 寸(cùn) 춘

'마디 촌'은 손 끝에서 맥박이 뛰는 곳까지의 한 마디를 그린 모양이에요.

교과서 속 숨은 한자

봄

 五 感

感 느낄 감

오감 : 다섯 가지의 감각

여름

 五 色

色 빛 색

오색 : 다섯 가지 빛깔

국어

 五 味 子

味 맛 미
子 아들 자

오미자 : 목련과에 딸린 갈잎 덩굴나무

사회

 寸 數

數 셈 수

촌수 : 친족 사이에 멀고 가까움을 나타내는 수

여름

  三 寸

三 석 삼

삼촌 : 결혼하지 않은 아버지의 형이나 남동생

여름

   八 寸

八 여덟 팔

팔촌 : 나와 촌수가 8촌이 되는 사람

쓰는 순서에 맞게 예쁘게 따라 쓰세요.

총 4획 五 五 五 五

五	五	五				
다섯 오						

총 3획 寸 寸 寸

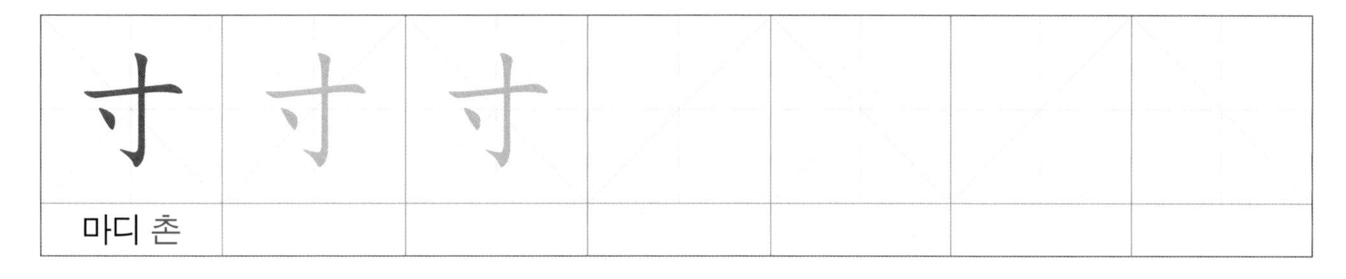

다음 한자의 훈(뜻)과 음(소리)을 쓰세요.

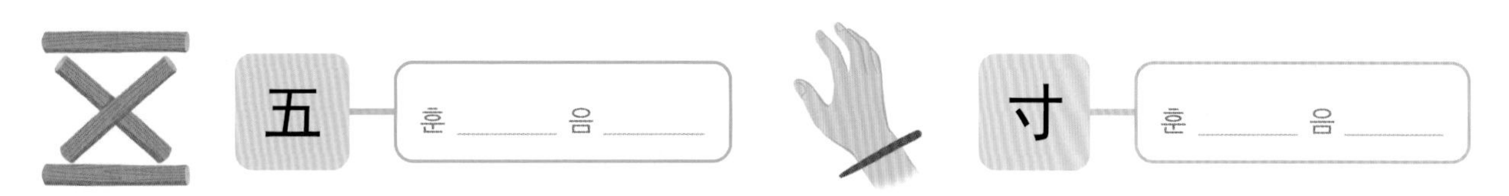

다음 밑줄 친 글자를 한자로 바꾸어 쓰세요.

01 오색은 파랑, 노랑, 빨강, 하양, 검정을 말합니다. →

02 동물은 사람보다 오감이 더 발달했습니다. →

03 현지네 삼촌은 올 때마다 매번 맛있는 것을 잔뜩 사가지고 오십니다. →

04 촌수를 따져보니 우리는 오촌지간입니다. →

연습문제

1 그림을 보고 빈칸에 들어갈 알맞은 한자를 보기 에서 찾아 쓰세요.

보기 一 三 四 五

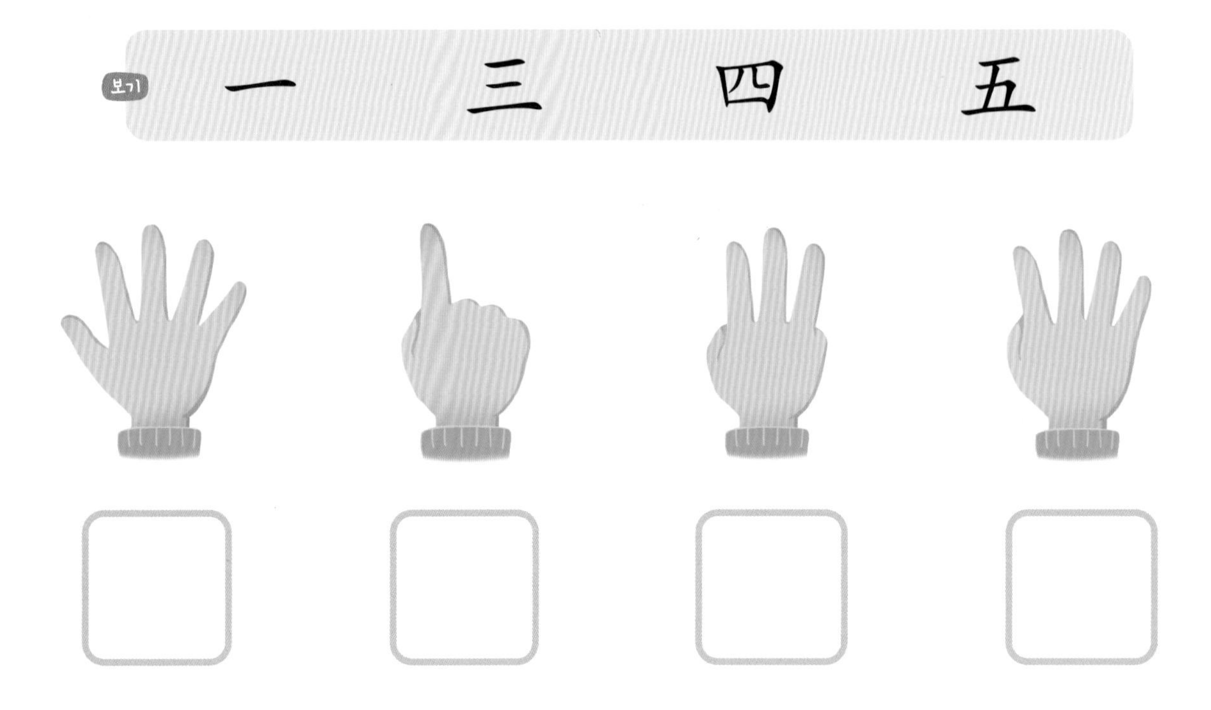

2 다음 한자 어원과 관련 있는 글자를 찾아 연결하세요.

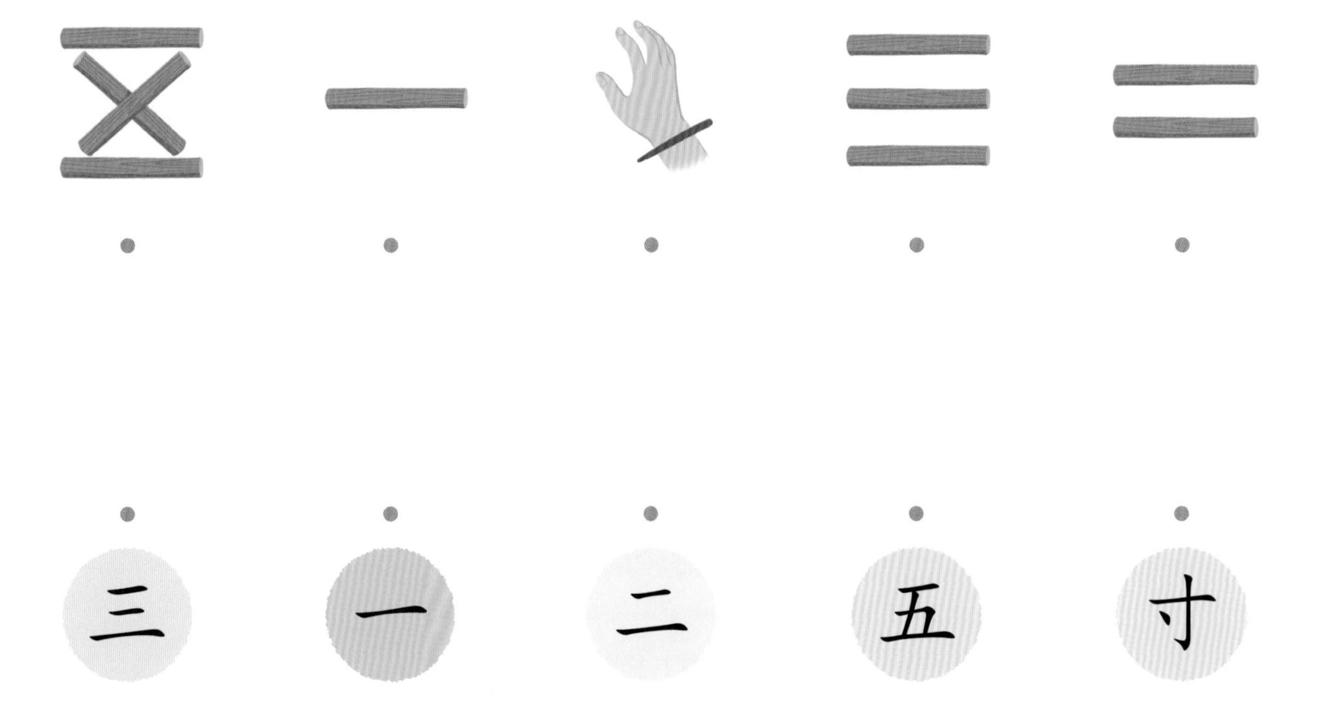

3 다음 윷 그림을 보고 알맞은 한자와 연결하세요.

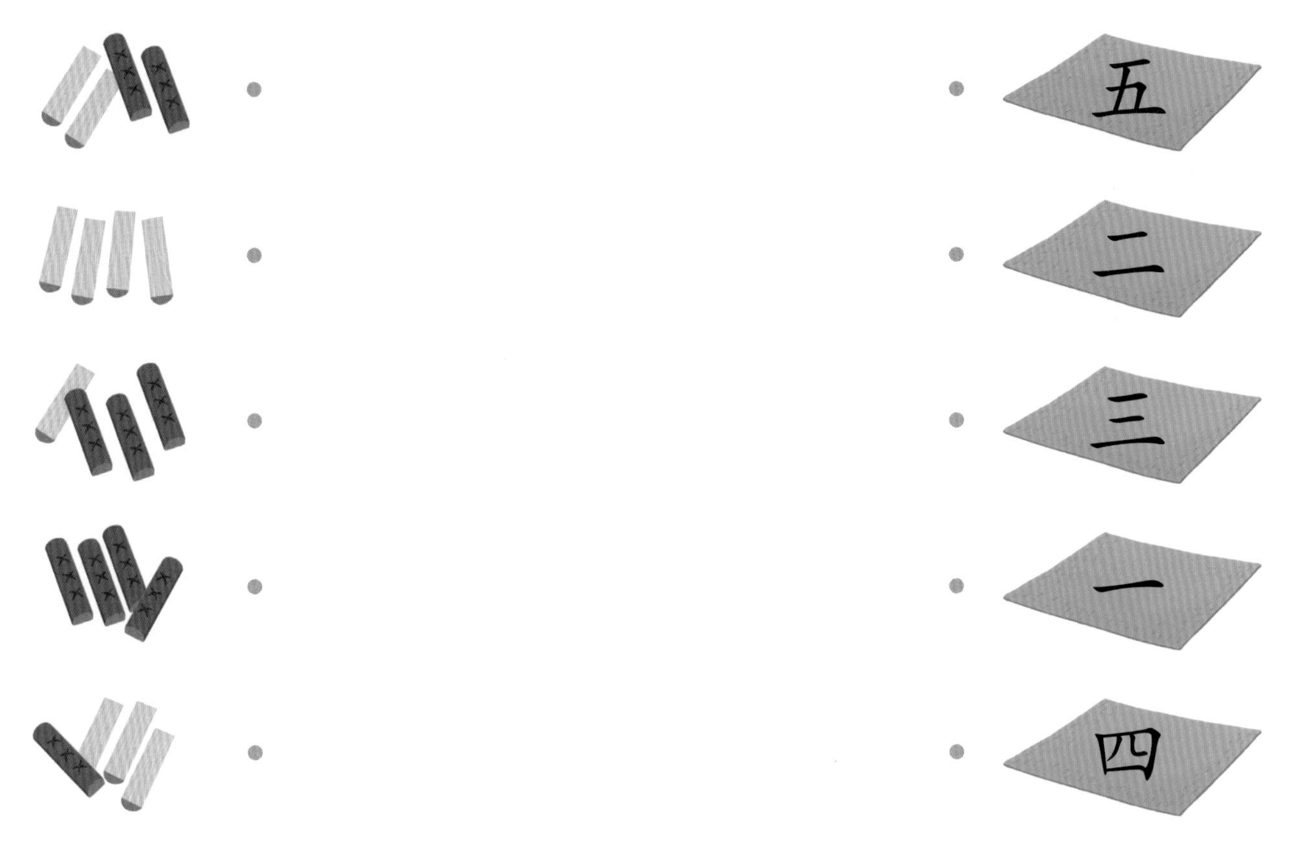

4 다음 한자와 관련된 골대를 찾아 축구공을 연결하세요.

한국어문회 기출 · 예상문제

1 다음 한자의 독음(읽는 소리)을 쓰세요.

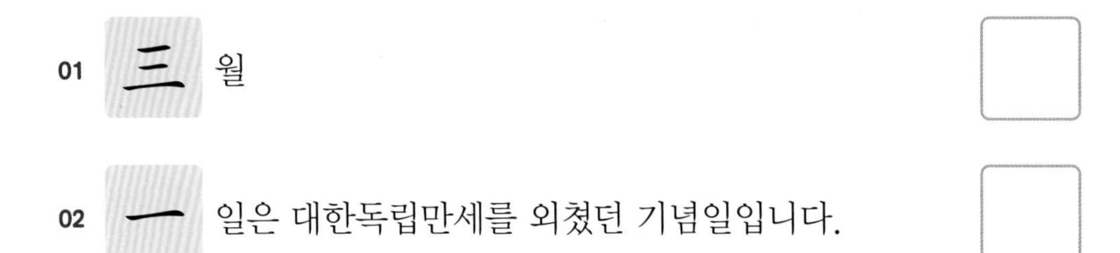

01 三 월 ☐

02 一 일은 대한독립만세를 외쳤던 기념일입니다. ☐

2 다음 밑줄 친 말에 해당하는 한자를 보기 에서 찾아 번호를 쓰세요.

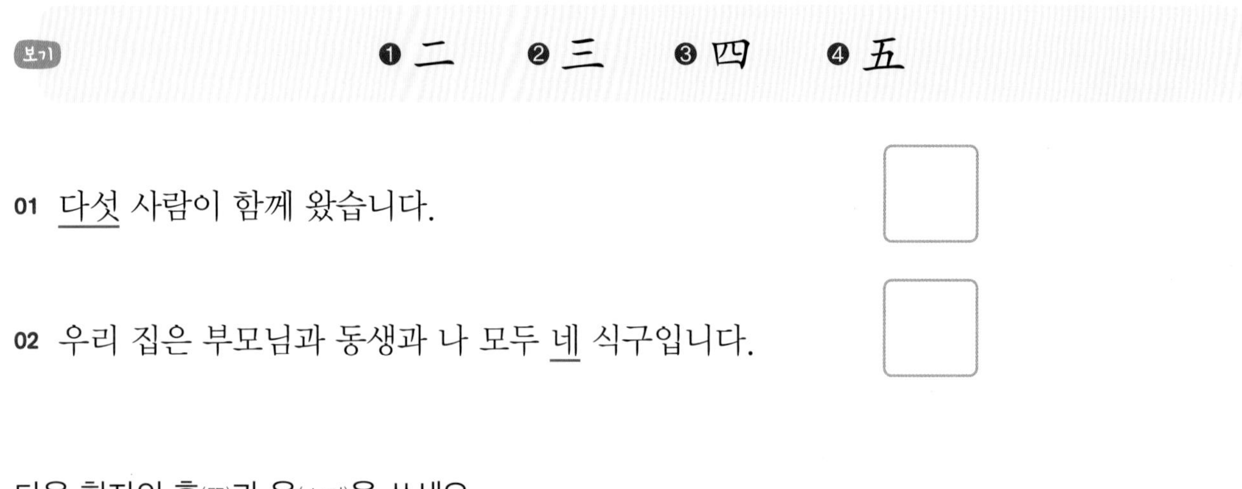

보기 ❶ 二 ❷ 三 ❸ 四 ❹ 五

01 <u>다섯</u> 사람이 함께 왔습니다. ☐

02 우리 집은 부모님과 동생과 나 모두 <u>네</u> 식구입니다. ☐

3 다음 한자의 훈(뜻)과 음(소리)을 쓰세요.

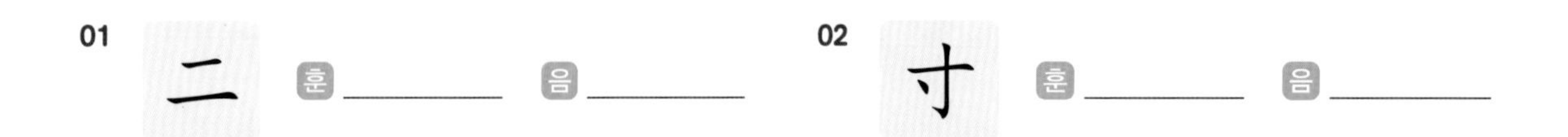

01 二 훈 ________ 음 ________

02 寸 훈 ________ 음 ________

4 다음 한자의 진하게 표시한 획은 몇 번째 쓰는지 보기 에서 찾아 번호를 쓰세요.

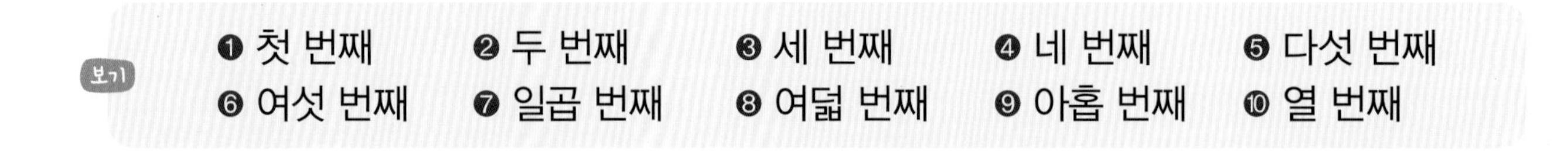

보기
❶ 첫 번째 ❷ 두 번째 ❸ 세 번째 ❹ 네 번째 ❺ 다섯 번째
❻ 여섯 번째 ❼ 일곱 번째 ❽ 여덟 번째 ❾ 아홉 번째 ❿ 열 번째

01 四 ☐

02 五 ☐

▶정답 p.120

1 다음 한자를 바르게 읽은 것을 보기 에서 찾아 번호를 쓰세요.

❶ 삼 ❷ 오 ❸ 이 ❹ 촌

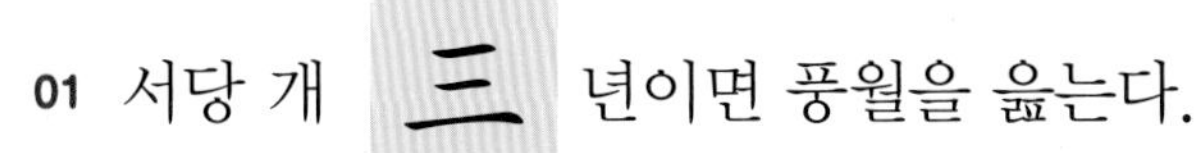

01 서당 개 三 년이면 풍월을 읊는다.

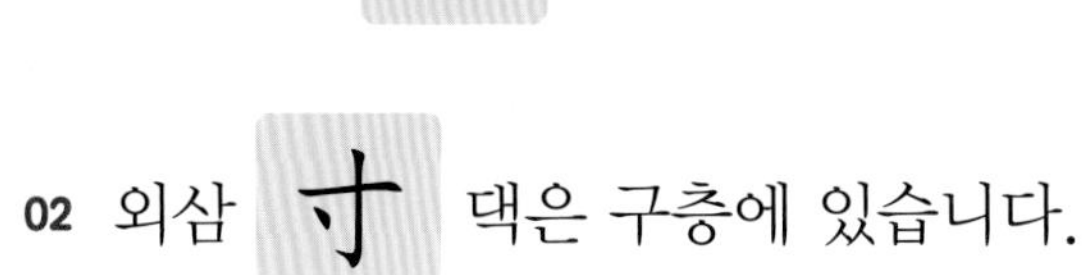

02 외삼 寸 댁은 구층에 있습니다.

2 다음 안의 뜻을 가진 한자를 보기 에서 찾아 번호를 쓰세요.

❶ 一 ❷ 三 ❸ 四 ❹ 五

01 정월대보름이 되면 다섯 가지 곡식으로 밥을 지어먹습니다.

02 길가에 예쁜 꽃 한 송이가 피었습니다.

3 한자의 훈(뜻)과 음(소리)을 보기 와 같이 한글로 쓰세요.

一 → 한 일

01 四 → ____________

02 二 → ____________

신비한 수의 세계 ②

집안의 마당에 여섯六 개의 짚단을 만들어 놓았어요.
옹고집이 아침 일곱七 시부터 하인들에게 일을 시키고 있어요.
해年마다 벼를 수확해서 지게에 실어 날라요.

문장 힌트를 읽고 그림 속에 숨은 한자를 찾아봅시다.

六 七 八 九 十 年

"옹고집전"은 우리나라 고전소설이에요. 인색하고 고집이 센 옹고집은 집에 거지나 스님이 오면 때려서 내쫓곤 했어요. 이에 화가 난 도사님이 가짜 옹고집을 만들어서 진짜 옹고집과 다투게 했지요. 결국 진짜 옹고집은 집에서 쫓겨났고 온갖 고생을 겪으며 잘못을 뉘우친다는 이야기예요.

육(六)번 문제의 정답은 칠(七)이에요.

여섯 륙(육)

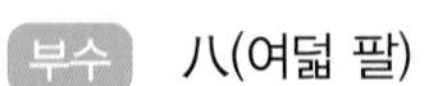

획수 총 4획

中 六(liù) 리우

'여섯 륙(육)'은 작고 허름한 집 모양으로 나중에 여섯을 표현하게 되었어요.

일곱 칠

부수 一(한 일)

획수 총 2획

中 七(qī) 치

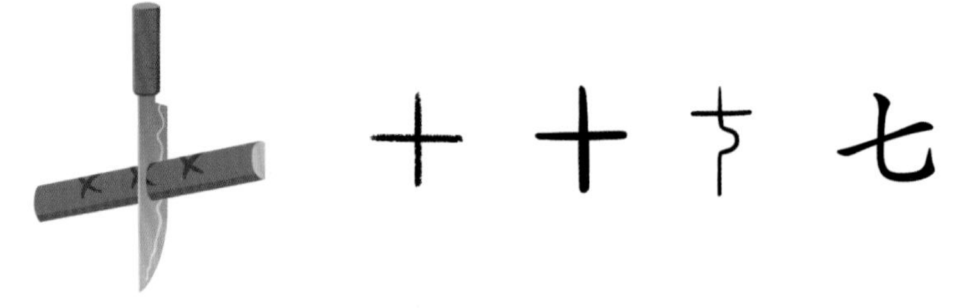

'일곱 칠'은 칼로 무언가를 내리치는 모양으로, 나중에 일곱을 표현하게 되었어요.

수학

육각형 : 여섯 개의 선으로 둘러싸인 도형

국어

육학년 : 초등학교의 가장 마지막 학년

국어

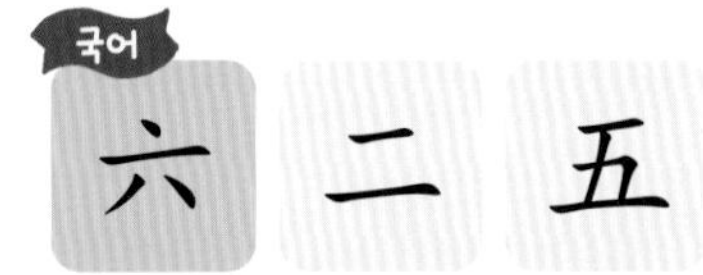

육이오 : 1950년 6월 25일 북한군과 일어난 전쟁

여름

칠순 : 나이 70세

여름

칠월칠석 : 견우와 직녀가 1년에 한 번 만나는 날

여름

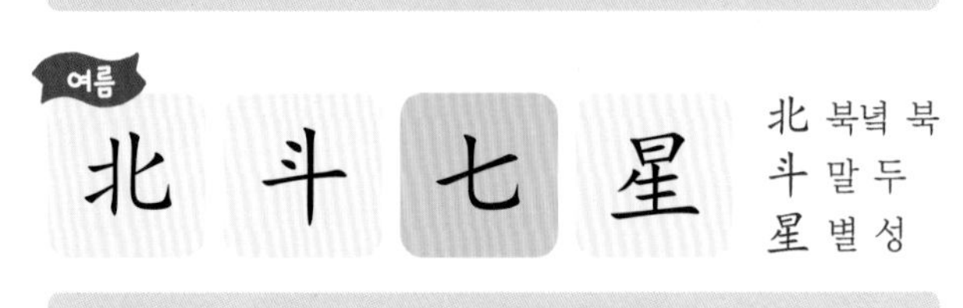

북두칠성 : 북쪽 하늘의 일곱 개의 별

쓰는 순서에 맞게 예쁘게 따라 쓰세요.

총 4획 六 六 六 六

六	六	六				
여섯 륙(육)						

총 2획 七 七

七	七	七				
일곱 칠						

알맞은 짝을 찾아 선으로 이으세요.

여섯 륙(육) •   • 七 •   • 

일곱 칠 •   • 六 •   •

다음 밑줄 친 글자를 한자로 바꾸어 쓰세요.

01 마리가 어느덧 육학년이 되었습니다. →

02 벌집은 수많은 육각형이 모여 있는 모양입니다. →

03 할아버지는 칠순이 지났는데도 아직도 건강하십니다. →

04 별 일곱 개가 국자 모양을 하고 있는 것이 바로 북두칠성입니다. →

구(九)구(九)단 중 팔(八)단을 암기하는 것은 재미있어요.

여덟 팔

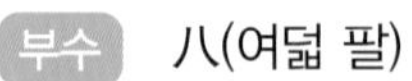

부수 八(여덟 팔)

획수 총 2획

中 八(bā) 빠

'여덟 팔'은 반으로 나누어진 사물을 그린 모양으로 나중에 여덟을 표현하게 되었어요.

아홉 구

부수 乙(새 을)

획수 총 2획

中 九(jiǔ) 지우

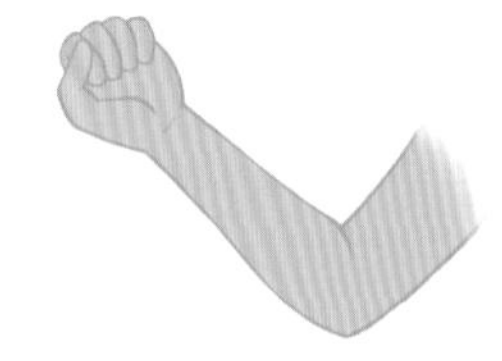

'아홉 구'는 사람의 손과 팔뚝을 같이 그린 모양으로, 나중에 아홉을 표현하게 되었어요.

가을

八 月 — 月 달 월

팔월 : 일 년 중 여덟 번째 달

국어

八 旬 — 旬 열흘 순

팔순 : 80세를 이르는 말

국어

八 方 — 方 모 방

팔방 : 여러 방향이나 부분

여름

九 十 — 十 열 십

구십 : 아흔의 한자어

여름

九 九 段 — 段 층계 단

구구단 : 곱셈의 방법에 쓰는 기본 공식

국어

九 尾 狐 — 尾 꼬리 미, 狐 여우 호

구미호 : 꼬리가 아홉 달린 여우

쓰는 순서에 맞게 예쁘게 따라 쓰세요.

총 2획 八 八

八	八	八				
여덟 팔						

총 2획 九 九

九	九	九				
아홉 구						

다음 그림의 알맞은 한자를 찾아 ○표 하세요.

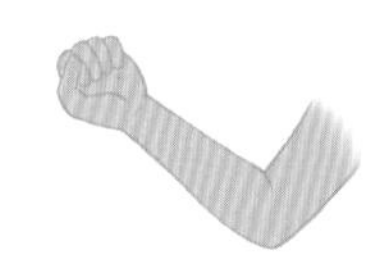

다음 밑줄 친 글자를 한자로 바꾸어 쓰세요.

01 내 친구 나린이는 공부면 공부, 노래면 노래, 못하는 게 없는 팔방미인입니다. →

02 꼬리가 아홉 달린 구미호 역할을 맡았습니다. →

03 민찬이는 구구단을 굉장히 잘합니다. →

04 추석은 음력 8월 15일입니다. →

이것을 완성하는 데에 꼬박 십(十) 년(年)이 걸렸어요.

부수 十(열 십)

획수 총 2획

中 十(shí) 스

'열 십'은 세워 놓은 막대기를 그린 모양으로 나중에 세로획의 가운데 점을 찍어 열을 표현하게 되었어요

부수 干(방패 간)

획수 총 6획

中 年(nián) 니엔

'해 년'은 추수가 끝나고 볏단을 지고 가는 모양으로, 한해가 마무리되었음을 표현해요.

교과서 속 숨은 한자

국어 十字 — 字 글자 자

십자 : 한자 十과 같은 모양

사회 新年 — 新 새 신

신년 : 새로 시작하는 해

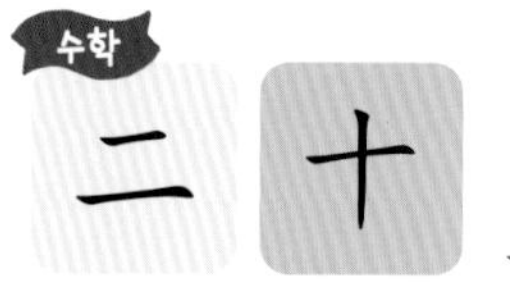

수학 二十 — 二 두 이

이십 : 20, 스물

국어 學年 — 學 배울 학

학년 : 일 년 단위로 구분한 학교 교육의 단계

수학 十個月 — 個 낱 개, 月 달 월

십 개월 : 열 달

국어 少年 — 少 적을 소

소년 : 어린 사내아이

쓰는 순서에 맞게 예쁘게 따라 쓰세요.

총 2획 十 十

十	十	十				
열 십						

총 6획 年 年 年 年 年 年

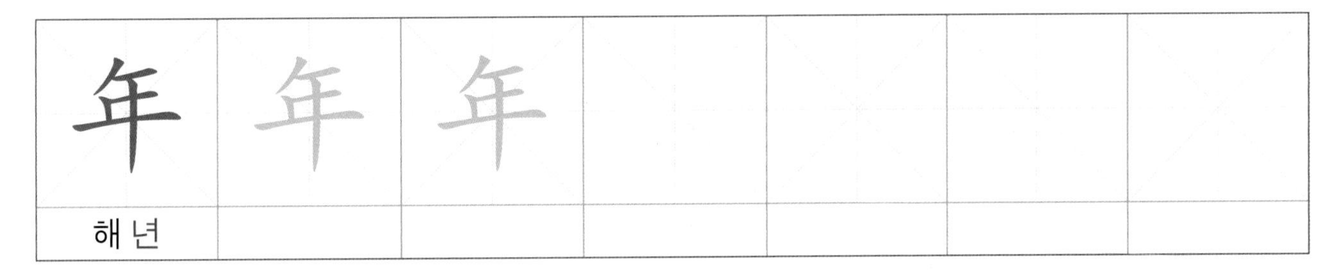

年	年	年				
해 년						

다음 한자의 훈(뜻)과 음(소리)을 쓰세요.

十 — 훈 ______ 음 ______

年 — 훈 ______ 음 ______

다음 밑줄 친 글자를 한자로 바꾸어 쓰세요.

01 신<u>년</u>을 맞이하여 새로운 목표를 세웠습니다. →

02 이모는 나이가 삼십이 넘었는데도 동안이라 이<u>십</u>대로 보입니다. →

03 청소<u>년</u>의 미래가 바로 나라의 미래입니다. →

04 원석이는 <u>십</u>자 드라이버로 고장 난 물건을 잘 고칩니다. →

연습문제

1 다음 그림을 보고 빈칸에 알맞은 숫자를 한자로 쓰세요.

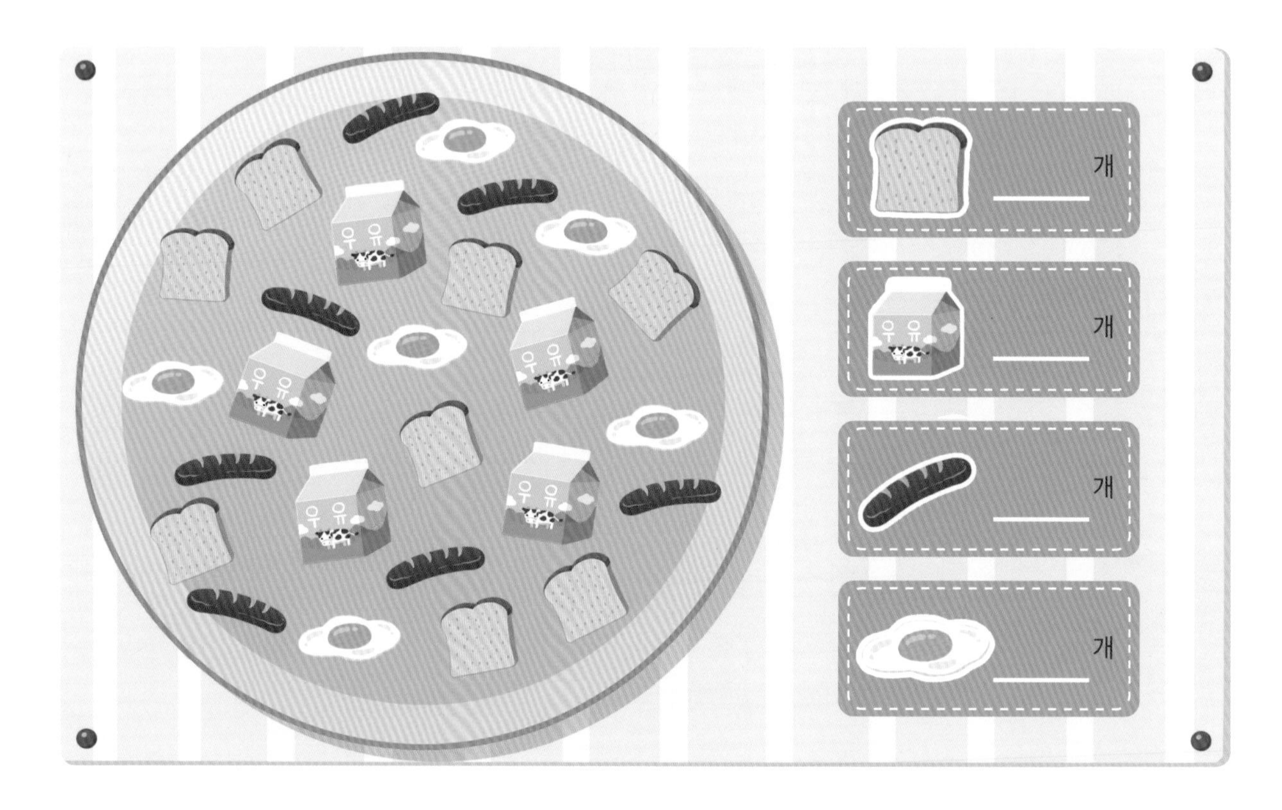

2 다음 한자 어원과 관련 있는 글자를 찾아 연결하세요.

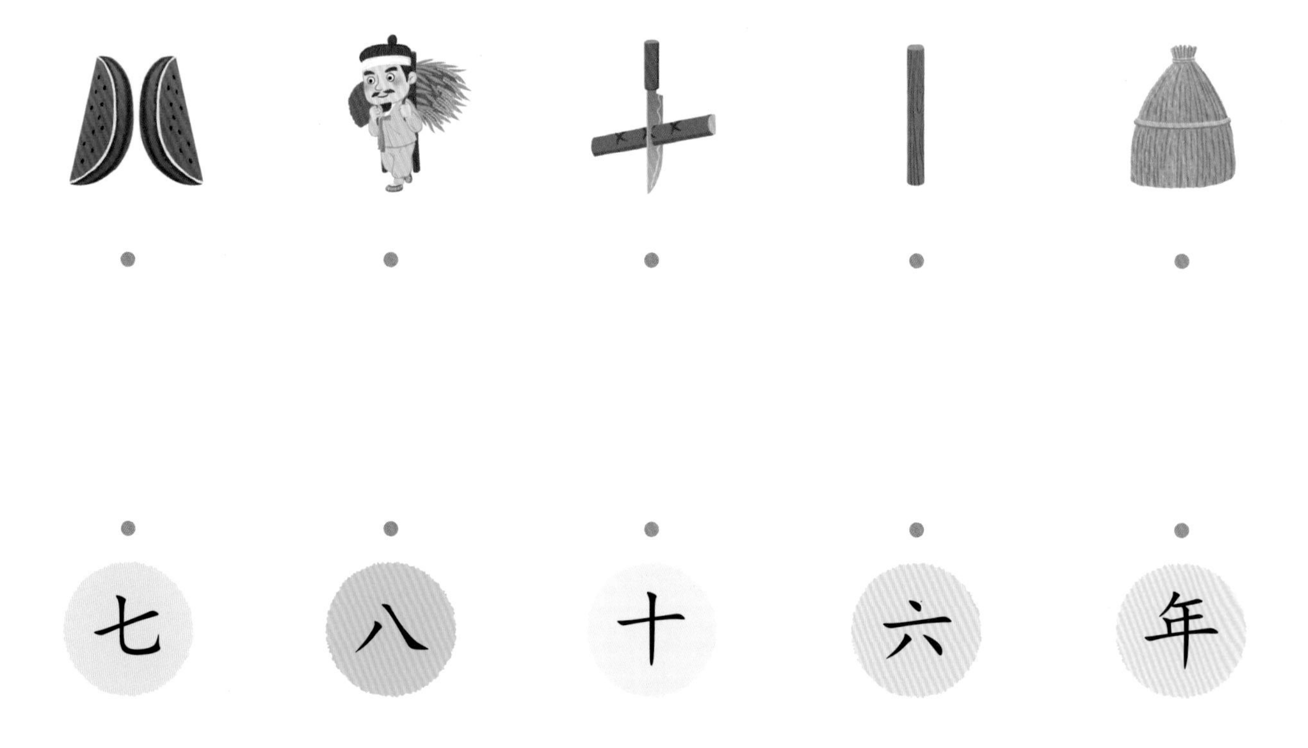

3 다음 한자에 알맞은 색을 칠하세요.

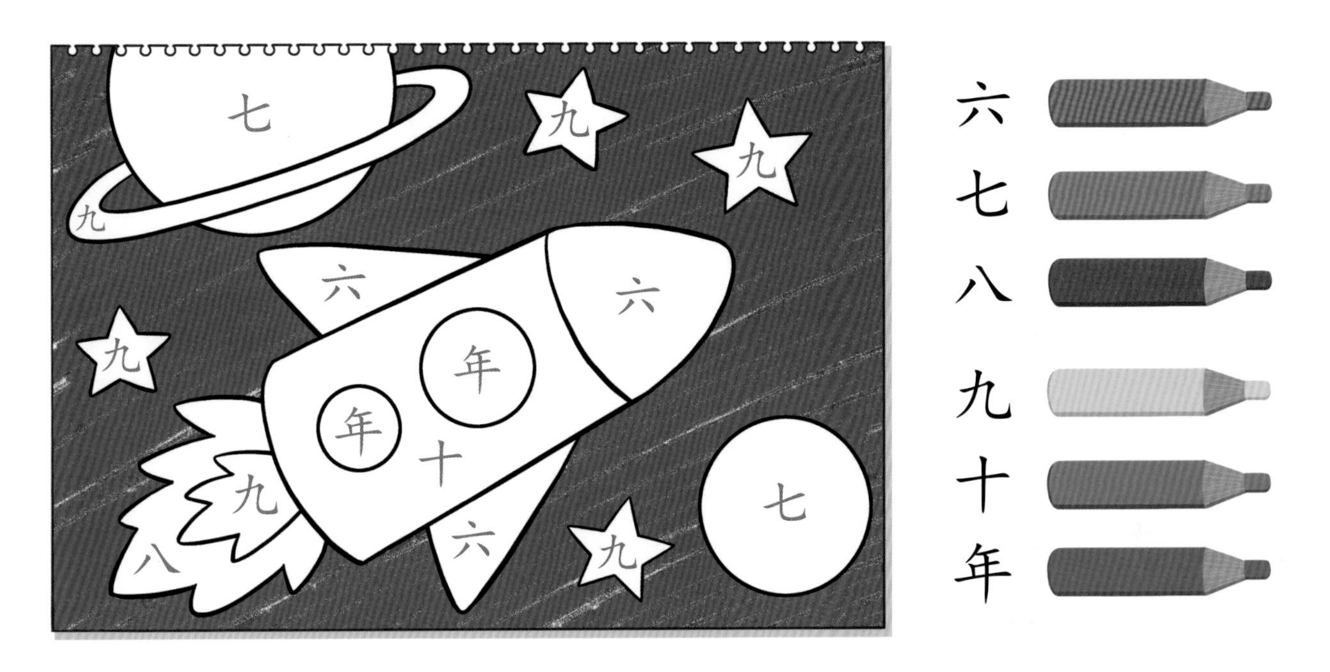

4 사다리를 따라 도착한 곳에 한자의 음을 쓰세요.

북두七성

九九단

六각형

八순

한국어문회 기출 · 예상문제

1 다음 한자의 독음(읽는 소리)을 쓰세요.

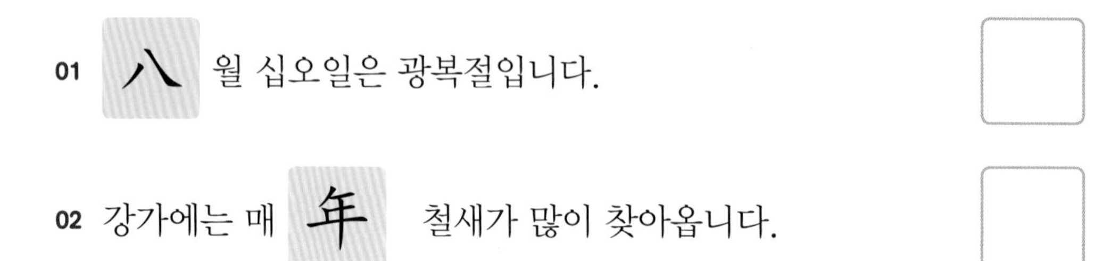

01 八 월 십오일은 광복절입니다. [ ]

02 강가에는 매 年 철새가 많이 찾아옵니다. [ ]

2 다음 밑줄 친 말에 해당하는 한자를 보기 에서 찾아 번호를 쓰세요.

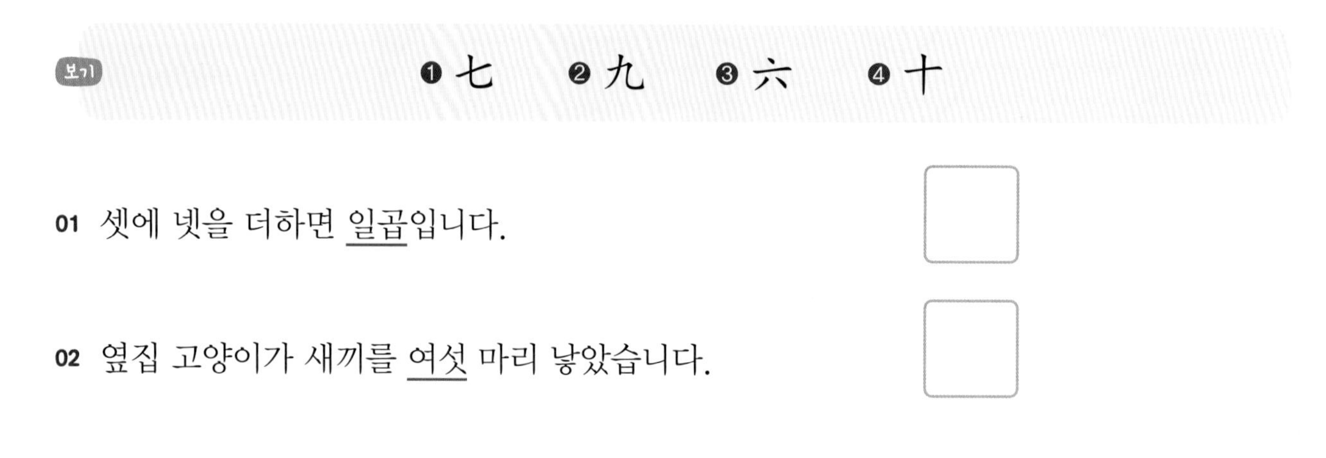

보기 ❶ 七 ❷ 九 ❸ 六 ❹ 十

01 셋에 넷을 더하면 <u>일곱</u>입니다. [ ]

02 옆집 고양이가 새끼를 <u>여섯</u> 마리 낳았습니다. [ ]

3 다음 한자의 훈(뜻)과 음(소리)을 쓰세요.

01 十 훈 ________ 음 ________

02 九 훈 ________ 음 ________

4 다음 한자의 진하게 표시한 획은 몇 번째 쓰는지 보기 에서 찾아 번호를 쓰세요.

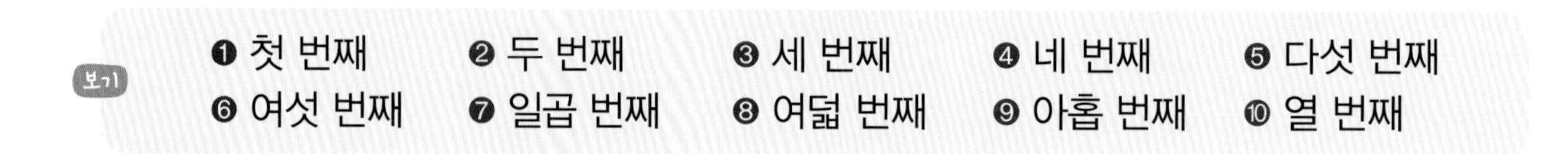

보기
❶ 첫 번째 ❷ 두 번째 ❸ 세 번째 ❹ 네 번째 ❺ 다섯 번째
❻ 여섯 번째 ❼ 일곱 번째 ❽ 여덟 번째 ❾ 아홉 번째 ❿ 열 번째

01 九 [ ]

02 年 [ ]

한자교육진흥회 기출 · 예상문제

▶정답 p.121

1 다음 한자를 바르게 읽은 것을 보기 에서 찾아 번호를 쓰세요.

보기 ❶ 육 ❷ 칠 ❸ 구 ❹ 십

01 고기 한 근은 六 백 그램입니다. [ ]

02 삼촌은 十 년 만에 귀국하셨습니다. 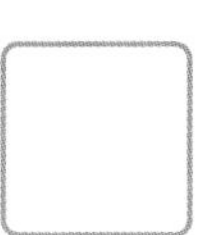

2 다음 [ ] 안의 뜻을 가진 한자를 보기 에서 찾아 번호를 쓰세요.

보기 ❶ 九 ❷ 六 ❸ 八 ❹ 七

01 100미터 경주에서 일곱 명 중에 삼등을 했습니다. [ ]

02 문어의 다리는 여덟 개입니다. 

3 한자의 훈(뜻)과 음(소리)을 보기 와 같이 한글로 쓰세요.

보기 一 → 한 일

01 九 → ____________

02 年 → ____________

3 단계 나와 가까운 사람

놀부 형兄님이 못마땅한 표정으로 흥부를 쳐다보고 있어요.
아우弟 흥부는 쌀을 얻으러 왔다가 뺨만 맞고 쫓겨났어요.

父 母 兄 弟 子 女

어린 아들子을 업은 엄마母는 박 속에서 금은보화가 나오자 깜짝 놀랐어요.
아들과 딸女들, 그리고 아빠父 흥부는 덩실덩실 어깨춤을 추고 있어요.

"흥부전"은 우리나라 고전소설이에요. 욕심 많은 형 놀부는 부모님의 유산을 독차지하고, 동생 흥부는 가난하지만 착하게 살았어요. 그러던 어느 날 흥부는 자신이 치료해 주었던 제비의 도움으로 부자가 되고, 제비 다리를 억지로 부러뜨려 치료해준 놀부는 벌을 받게 된다는 이야기예요.

부(父)모(母)님은 나를 사랑해요.

父

아비 부

부수 父

획수 총 4획

中 父(fù) 푸

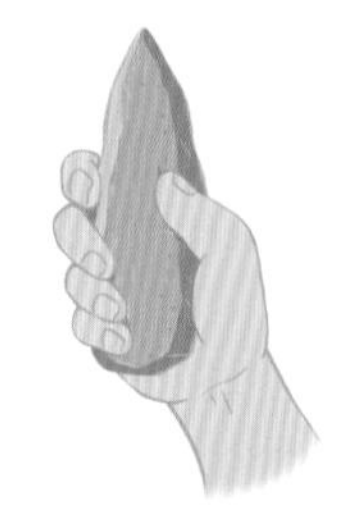

'아비 부'는 돌도끼를 든 손을 그린 모양으로 아버지를 표현해요.

母

어미 모

부수 毋(말 무)

획수 총 5획

中 母(mǔ) 무

'어미 모'는 아기에게 젖을 물리며 앉아 있는 어머니를 그린 모양이에요.

교과서 속 숨은 한자

국어

父 女

女 여자 녀(여)

부녀 : 아버지와 딸

여름

祖 父

祖 할아비 조

조부 : 할아버지

국어

父 子

子 아들 자

부자 : 아버지와 아들

국어

母 女

女 여자 녀(여)

모녀 : 어머니와 딸

여름

祖 母

祖 할아비 조

조모 : 할머니

여름

姨 母

姨 이모 이

이모 : 엄마의 언니나 여동생

쓰는 순서에 맞게 예쁘게 따라 쓰세요.

총 4획 父 父 父 父

父	父	父				
아비 부						

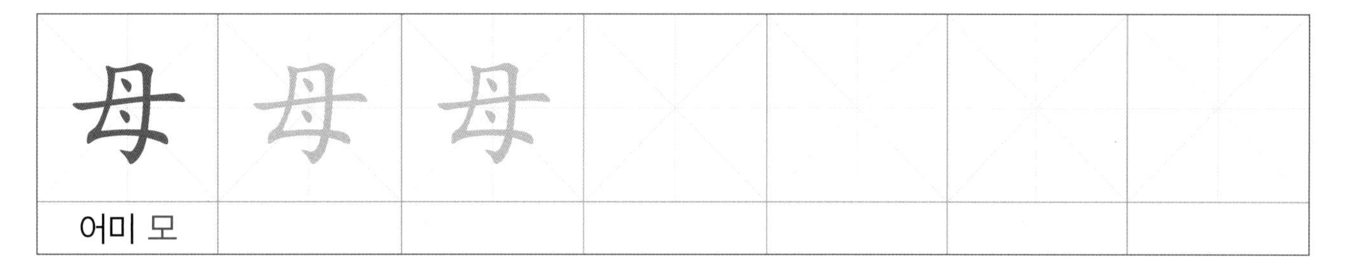

총 5획 母 母 母 母 母

母	母	母				
어미 모						

알맞은 짝을 찾아 선으로 이으세요.

아비 부 • • 母 • • 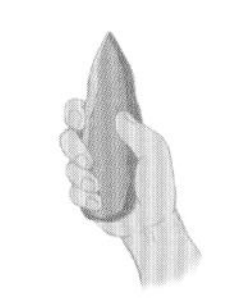

어미 모 • • 父 • • 

다음 밑줄 친 글자를 한자로 바꾸어 쓰세요.

01 나는 어렸을 때부터 조<u>부</u>모와 같이 살았습니다. →

02 아빠와 나를 붕어빵 <u>부</u>자라고 합니다. →

03 이번 주말에 이<u>모</u>네 식구가 집에 놀러 왔습니다. →

04 <u>모</u>녀가 오붓하게 카페에서 이야기를 나눕니다. →

3
父
母
兄
弟
子
女

언니의 남편은 형(兄)부, 동생의 남편은 제(弟)부라고 불러요.

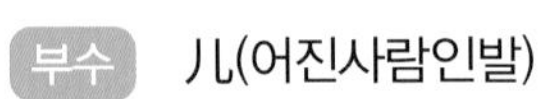

부수 儿(어진사람인발)

획수 총 5획

中 兄(xiōng) 시옹

'형 형'은 하늘을 향해 입을 벌리고 축문을 읽는 사람을 그린 모양으로 나중에 형을 표현하게 되었어요.

부수 弓(활 궁)

획수 총 7획

中 弟(dì) 띠

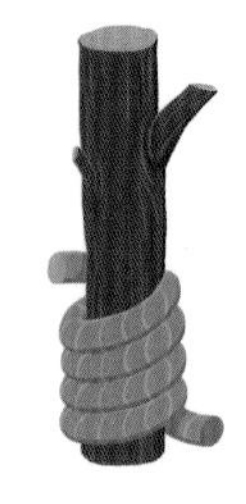

'아우 제'는 줄을 감은 나무토막을 그린 모양으로 순서라는 의미로 사용되다가 나중에 아우를 표현하게 되었어요.

교과서 속 숨은 한자

국어 親 兄 — 親 친할 친

친형 : 같은 부모에서 난 형

여름 兄 弟

형제 : 형과 동생

봄 學 父 兄 — 學 배울 학, 父 아비 부

학부형 : 학생의 부모나 보호자

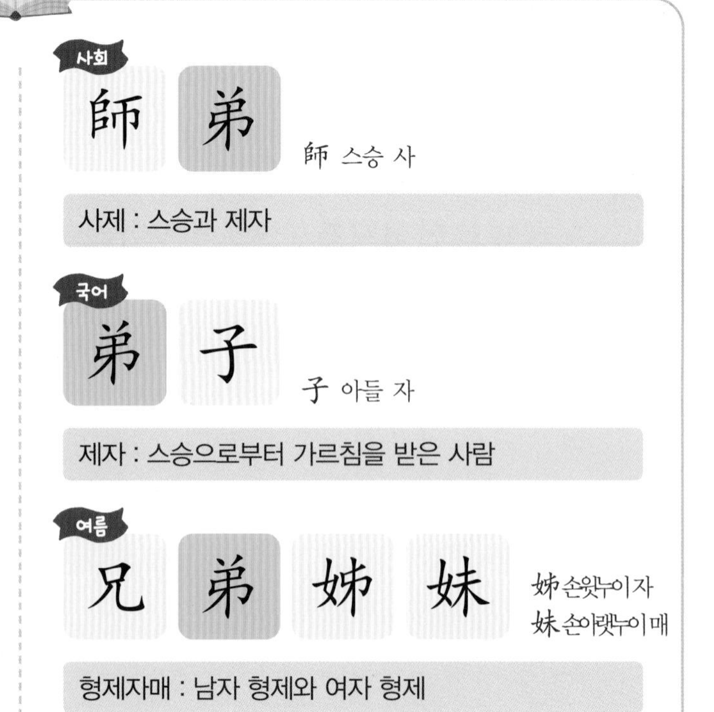

사회 師 弟 — 師 스승 사

사제 : 스승과 제자

국어 弟 子 — 子 아들 자

제자 : 스승으로부터 가르침을 받은 사람

여름 兄 弟 姉 妹 — 姉 손윗누이 자, 妹 손아랫누이 매

형제자매 : 남자 형제와 여자 형제

쓰는 순서에 맞게 예쁘게 따라 쓰세요.

총 5획 兄 兄 兄 兄 兄

兄	兄	兄				
형 형						

총 7획 弟 弟 弟 弟 弟 弟 弟

弟	弟	弟				
아우 제						

다음 그림의 알맞은 한자를 찾아 ○표 하세요.

弟 | 兄

兄 | 弟

다음 밑줄 친 글자를 한자로 바꾸어 쓰세요.

01 올해 아이가 학교에 들어가면서 나도 학부형이 되었습니다. →

02 스승의 가르침을 따르는 것이 제자의 도리입니다. →

03 범준이네는 형제자매간의 사이가 매우 좋습니다. →

04 석현이는 친형을 매우 잘 따릅니다. →

전래동화에는 효자(子)와 효녀(女)가 많이 등장해요.

아들 자

부수 子(아들 자)

획수 총 3획

中 子(zǐ) 즈

'아들 자'는 포대기에 싸여 있는 아이를 그린 모양이에요.

여자 녀(여)

부수 女(여자 녀/여)

획수 총 3획

中 女(nǚ) 뉘

'여자 녀(여)'는 무릎을 꿇고 단아하게 손을 모으고 있는 여자를 그린 모양이에요.

교과서 속 숨은 한자

가을

孝 子

孝 효도 효

효자 : 부모를 잘 모시는 아들

겨울

孫 子

孫 손자 손

손자 : 아들의 아들이나 딸의 아들

수학

男 子

男 사내 남

남자 : 남성

국어

少 女

少 적을 소

소녀 : 아직 성숙하지 않은 어린 여자 아이

수학

女 子

'女'가 단어 첫머리에 올 때는 '여'로 읽어요.

여자 : 여성

국어

海 女

海 바다 해

해녀 : 해삼, 전복 등을 따는 것을 직업으로 삼은 여자

쓰는 순서에 맞게 예쁘게 따라 쓰세요.

총 3획 子 子 子

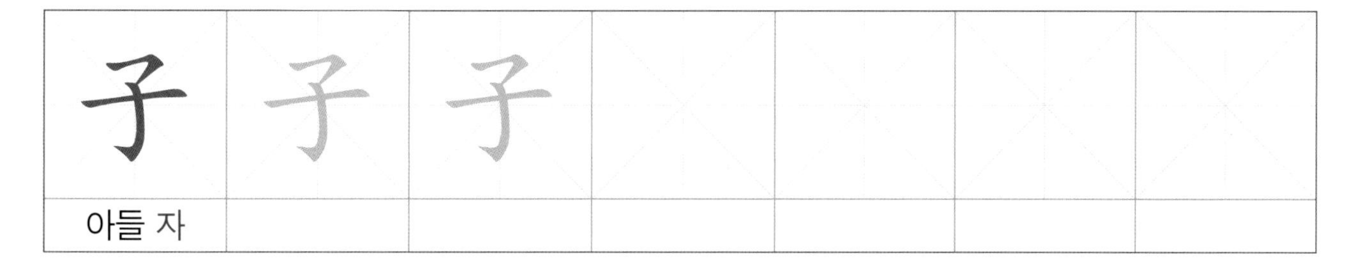

총 3획 女 女 女

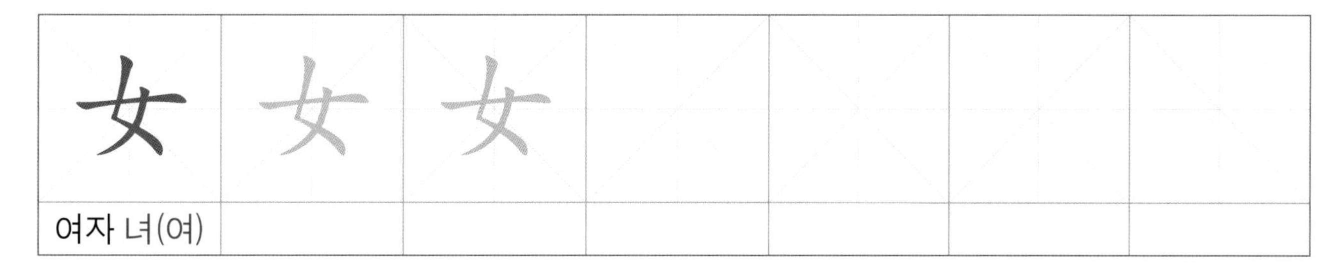

다음 한자의 훈(뜻)과 음(소리)을 쓰세요.

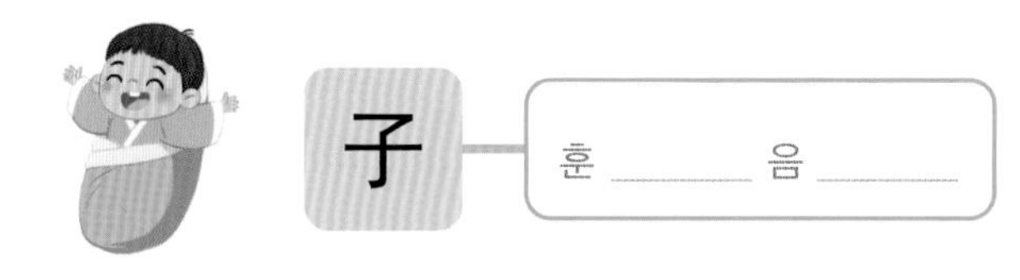

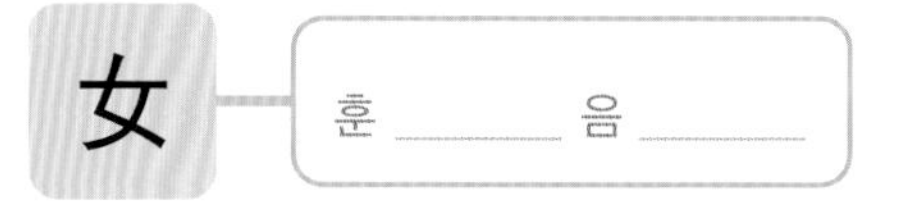

다음 밑줄 친 글자를 한자로 바꾸어 쓰세요.

01 할아버지께서 재롱을 떠는 손<u>자</u>를 흐뭇하게 바라보셨습니다. →

02 내 친구 승우는 소문난 효<u>자</u>입니다. →

03 대한민국의 해<u>녀</u>가 유네스코 무형문화유산으로 등재되었습니다. →

04 귀엽던 소<u>녀</u>가 어느덧 어엿한 숙녀가 되었습니다. →

1 어떤 코끼리가 사과를 먹게 될까요? 정답을 찾아 빈칸에 쓰세요.

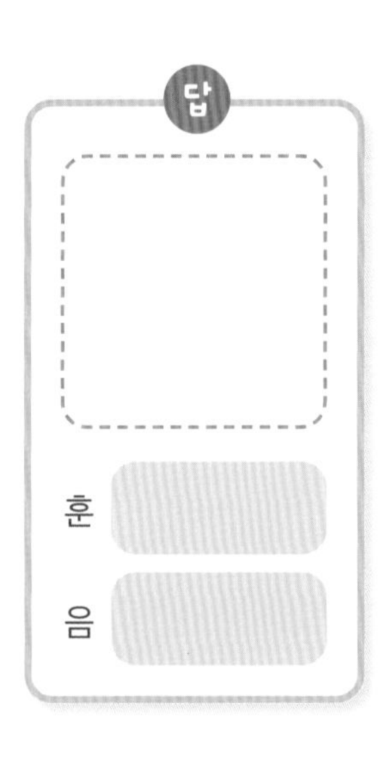

2 다음 한자 어원과 관련 있는 글자를 찾아 연결하세요.

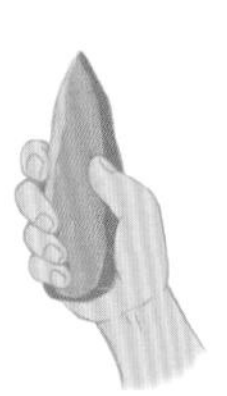

弟　　母　　兄

3 부모형제 순으로 글자를 따라가면 만날 수 있어요.

4 다음 한자어와 관련 있는 연을 찾아 선을 이으세요.

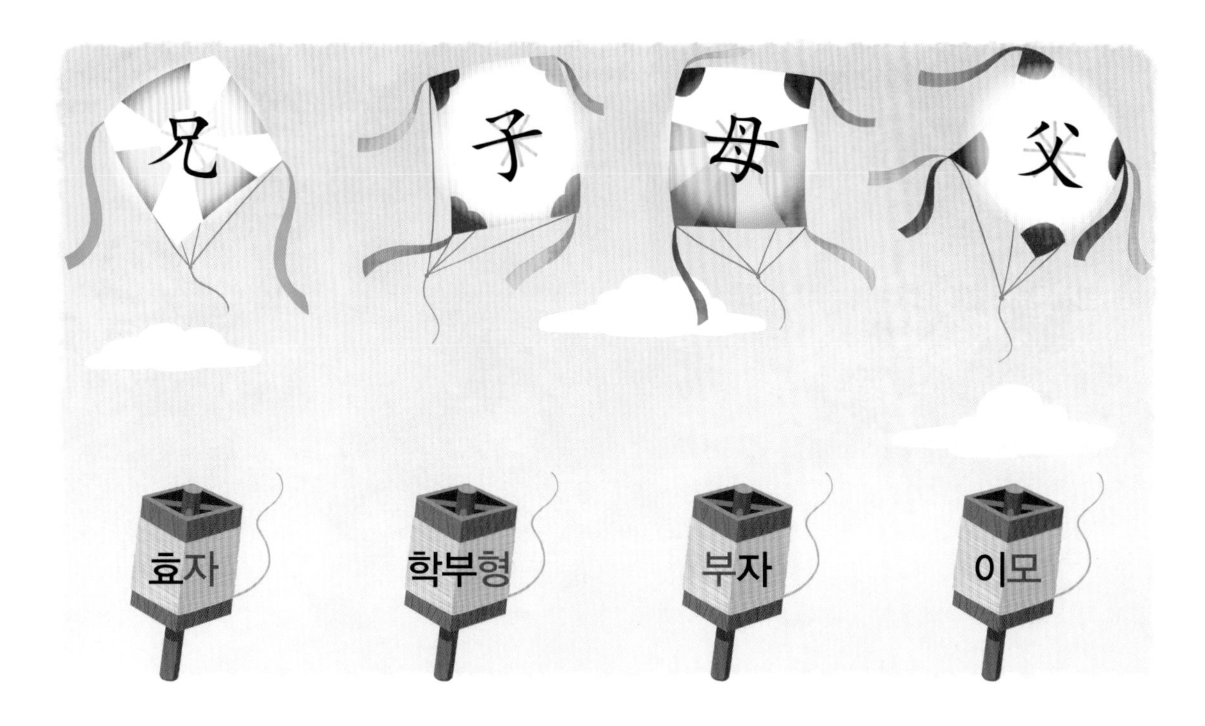

한국어문회 기출 · 예상문제

1 다음 한자의 독음(읽는 소리)을 쓰세요.

01 지난주 어린이날에 父 모님과 [ ]

02 兄 과 함께 놀이공원에 다녀왔습니다. [ ]

2 다음 밑줄 친 말에 해당하는 한자를 보기 에서 찾아 번호를 쓰세요.

보기 ❶ 弟 ❷ 母 ❸ 女 ❹ 子

01 우리 동생은 개구쟁이입니다. [ ]

02 어머니는 자식에게 모든 것을 아낌없이 줍니다. [ ]

3 다음 한자의 훈(뜻)과 음(소리)을 쓰세요.

01 女 훈 ________ 음 ________

02 子 훈 ________ 음 ________

4 다음 한자의 진하게 표시한 획은 몇 번째 쓰는지 보기 에서 찾아 번호를 쓰세요.

보기
❶ 첫 번째 ❷ 두 번째 ❸ 세 번째 ❹ 네 번째 ❺ 다섯 번째
❻ 여섯 번째 ❼ 일곱 번째 ❽ 여덟 번째 ❾ 아홉 번째 ❿ 열 번째

01 弟 [ ]

02 母 [ ]

한자교육진흥회 기출 · 예상문제

▶정답 p.122

1 다음 한자를 바르게 읽은 것을 보기 에서 찾아 번호를 쓰세요.

보기 ❶ 부 ❷ 모 ❸ 형 ❹ 제

01 어버이날 부 **母** 님께 카네이션을 달아드렸습니다.

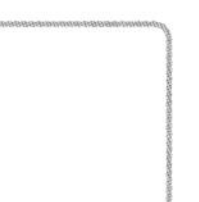

02 **兄** 은 올해 육학년이 되었습니다.

2 다음 안의 뜻을 가진 한자를 보기 에서 찾아 번호를 쓰세요.

보기 ❶ 兄 ❷ 父 ❸ 弟 ❹ 女

01 내 **동생** 은 여섯 살입니다.

02 누나는 한국 **여자** 중학교에 다닙니다.

3 한자의 훈(뜻)과 음(소리)을 보기 와 같이 한글로 쓰세요.

보기 一 → 한 일

01 父 → ____________

02 子 → ____________

내 주변의 자연

토끼가 자라를 타고 용궁으로 향하자 해日님이 신기한 듯 바라보아요.
출렁이는 바닷물결 뒤로 멋진 산山 봉우리들이 펼쳐져 있어요.
푸른靑 잎들이 손을 흔들며 토끼와 자라에게 인사해요.

문장 힌트를 읽고 그림 속에 숨은 한자를 찾아봅시다.

日 月 靑 白 山 人

인간人의 모습을 한 용왕님이 토끼에게 어서 간을 내놓으라며 호통치고 있어요.
토끼는 달月밤에 간을 빼서 아무도 모르는 곳에 숨겨 두었다고 이야기해요.
문어가 궁금한 표정을 지으며 토끼의 하얀白 배를 가리키고 있어요.

"토끼전"은 우리나라 고전소설이에요. 용왕님은 병을 치료하기 위해 토끼의 간을 구하고 있었어요. 자라가 육지로 나가서 토끼를 용궁으로 데려오는 데는 성공하지만, 토끼는 간을 빼 놓고 다닌다는 말로 잔꾀를 부려 죽음의 위기에서 벗어나 도망친다는 이야기예요.

매월(月) 20일(日)은 아버지의 월급날이에요.

日

날 일

부수 日(날 일)

획수 총 4획

中 日(rì) 르*

'날 일'은 태양을 그린 모양이에요.

月

달 월

부수 月(달 월)

획수 총 4획

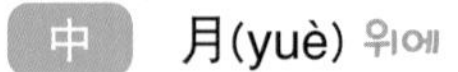

中 月(yuè) 위에

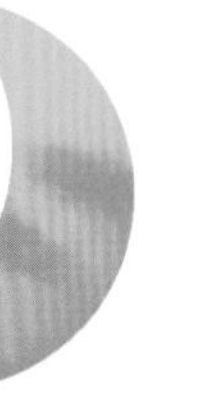

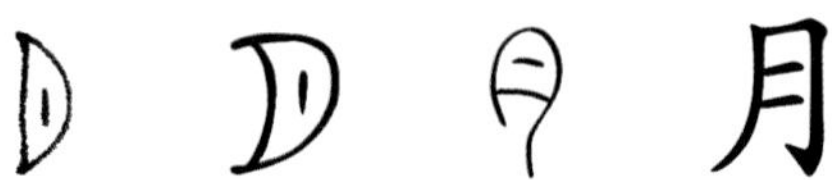 

'달 월'은 초승달을 그린 모양이에요.

교과서 속 숨은 한자

국어 每日 — 每 매양 매

매일 : 하루하루, 날마다

봄 日出 — 出 날 출

일출 : 해가 떠오름

여름 來日 — 來 올 래

내일 : 다음 날, 앞 날

여름 月給 — 給 줄 급

월급 : 한 달간 일한 대가

여름 七月 — 七 일곱 칠

칠월 : 일년 중 일곱 번째 달

국어 個月 — 個 낱 개

개월 : 달을 세는 표현

쓰는 순서에 맞게 예쁘게 따라 쓰세요.

총 4획 日 日 日 日

日	日	日				
날 일						

총 4획 月 月 月 月

月	月	月				
달 월						

알맞은 짝을 찾아 선으로 이으세요.

날 일 • • 月 • •

달 월 • • 日 • •

다음 밑줄 친 글자를 한자로 바꾸어 쓰세요.

01 칠<u>월</u>칠석은 견우와 직녀가 일 년에 한 번 만나는 날입니다. →

02 10일은 우리 아빠의 <u>월</u>급날입니다. →

03 내<u>일</u>은 내 친구 민중이의 생일입니다. →

04 <u>일</u>출 장면은 언제나 신비스럽게 느껴집니다. →

청(靑)군과 백(白)군으로 나누어서 경기를 해요.

푸를 청

부수 靑(푸를 청)

획수 총 8획

中 靑(qīng) 칭

'푸를 청'은 자라나는 푸른 싹을 그린 모양이에요.

흰 백

부수 白(흰 백)

획수 총 5획

中 白(bái) 바이

'흰 백'은 촛불의 심지와 밝게 빛나는 불빛을 그린 모양이에요.

교과서 속 숨은 한자

국어

靑 軍

軍 군사 군

청군 : 색으로 나눈 푸른색 팀

국어

靑 瓦 臺

瓦 기와 와
臺 돈대 대 (높게 두드러진 평평한 땅)

청와대 : 대통령이 사는 곳

안전

靑 少 年

少 적을 소
年 해 년

청소년 : 어른이 되지 않은 사람

봄

白 紙

紙 종이 지

백지 : 흰 종이, 빈 종이

겨울

白 雪

雪 눈 설

백설 : 하얀 눈

국어

白 頭 山

頭 머리 두
山 메 산

백두산 : 우리나라에서 가장 높은 산

쓰는 순서에 맞게 예쁘게 따라 쓰세요.

총 8획 青 青 青 青 青 青 青 青

青	青	青				
푸를 청						

총 5획 白 白 白 白 白

白	白	白				
흰 백						

다음 그림의 알맞은 한자를 찾아 ○표 하세요.

青 | 白

白 | 青

다음 밑줄 친 글자를 한자로 바꾸어 쓰세요.

01 수아는 <u>백</u>설공주와 일곱난쟁이 연극에서 주인공 역할을 맡았습니다. →

02 <u>청</u>와대는 대통령이 생활하는 곳입니다. →

03 체육대회에서 민욱이는 <u>청</u>군의 주장이 되었습니다. →

04 우리나라에서 가장 높은 산은 <u>백</u>두산입니다. →

요즘은 등산(山)이 인(人)기가 있어요.

山

메 산

부수 山(메 산)

획수 총 3획

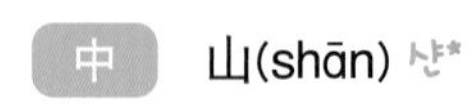

中 山(shān) 샨*

'메 산'은 육지에 우뚝 솟은 세 개의 봉우리를 그린 모양이에요.

人

사람 인

부수 人(사람 인)

획수 총 2획

中 人(rén) 런

'사람 인'은 팔을 내리고 있는 사람을 그린 모양이에요.

겨울

江 山 — 江 강 강

강산 : 강과 산, 자연

안전

火 山 — 火 불 화

화산 : 마그마가 뿜어져 나와 만들어진 산

여름

山 川 — 川 내 천

산천 : 산과 내

가을

人 工 — 工 장인 공

인공 : 사람이 만든 것

국어

人 口 — 口 입 구

인구 : 한 곳에 사는 사람 수

국어

人 物 — 物 물건 물

인물 : 사람

쓰는 순서에 맞게 예쁘게 따라 쓰세요.

총 3획 山 山 山

山	山	山				
메 산						

총 2획 人 人

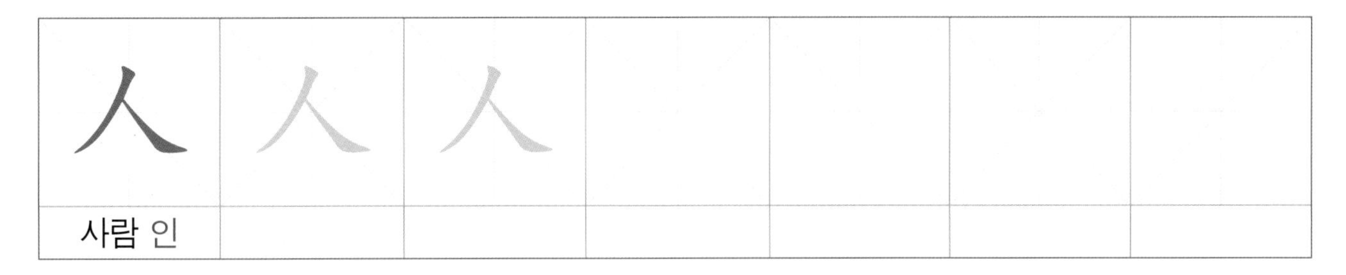

다음 한자의 훈(뜻)과 음(소리)을 쓰세요.

다음 밑줄 친 글자를 한자로 바꾸어 쓰세요.

01 인구가 계속 감소하고 있는 추세입니다. →

02 십년이면 강산도 변합니다. →

03 인공위성은 궤도를 따라 지구 주위를 돌고 있습니다. →

04 백두산 천지는 화산폭발로 만들어진 화산호입니다. →

*화산호 : 화산의 화구에 물이 고여 생긴 호수

연습문제

1 병이 점점 작아져요. 어떤 한자가 사라졌는지 보기 에서 찾아 쓰세요.

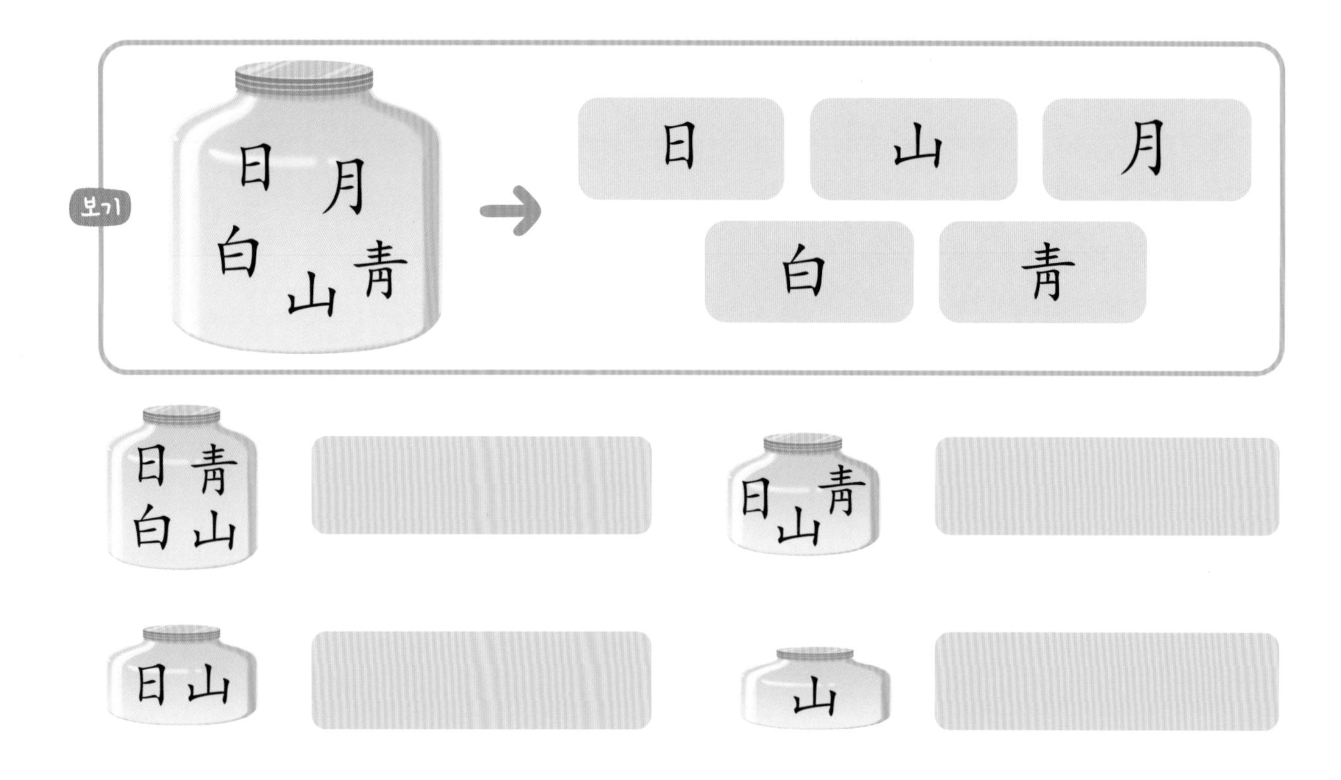

2 다음 한자 어원과 관련 있는 글자를 찾아 연결하세요.

3 소방차가 지나갑니다. 알맞은 한자어를 연결해 보세요.

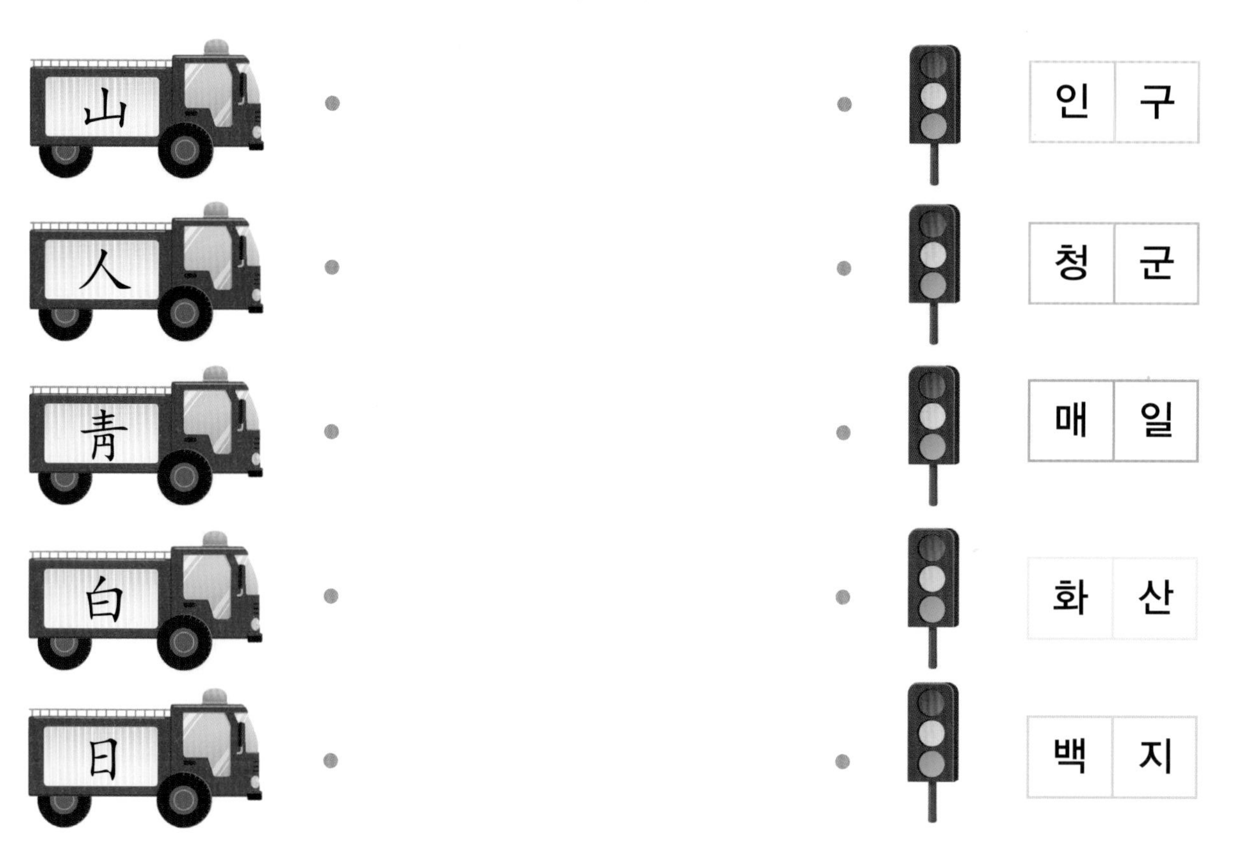

4 다음 한자어와 관련된 글자를 찾아 주어진 색으로 색칠하세요.

한국어문회 기출 · 예상문제

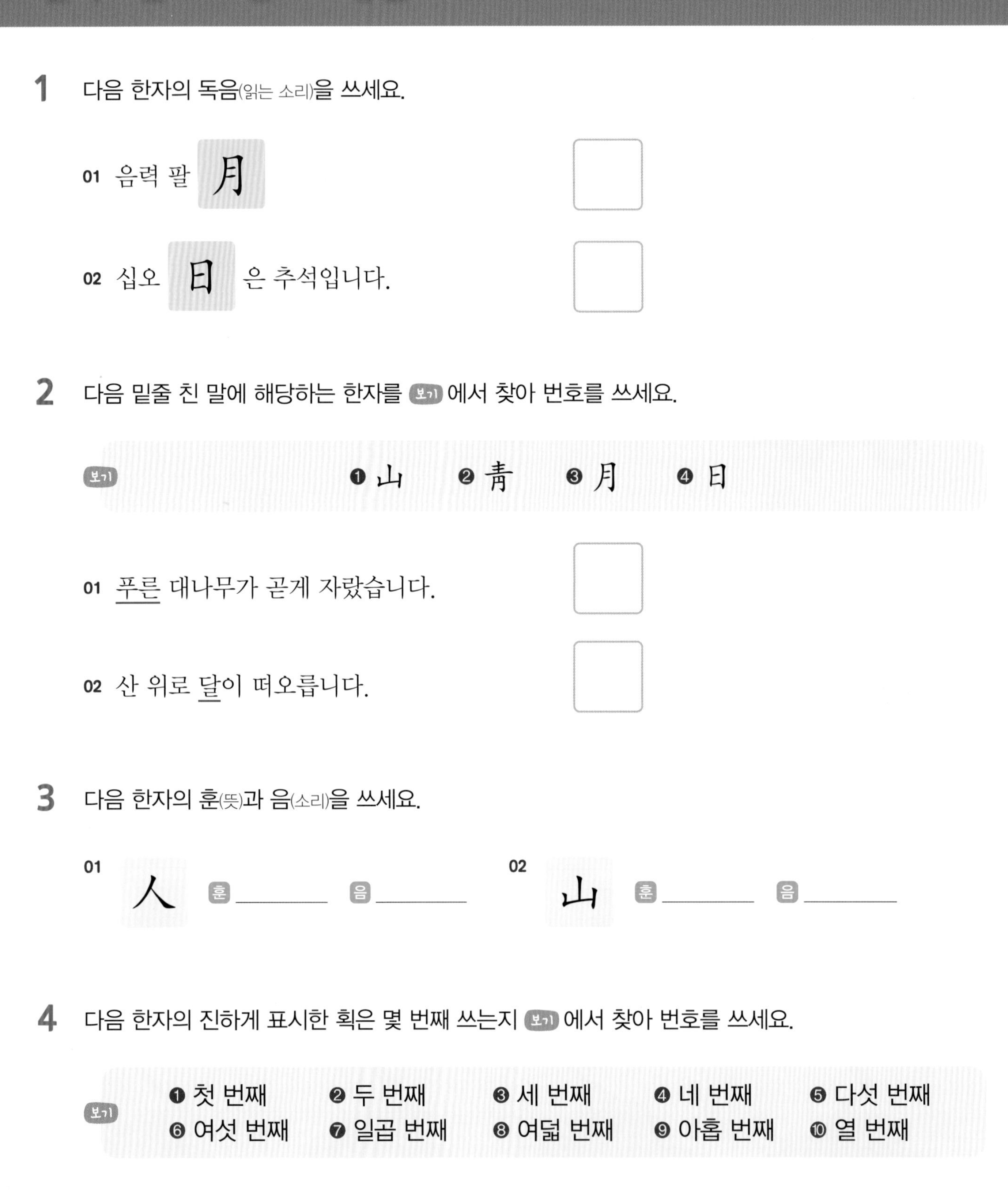

1 다음 한자의 독음(읽는 소리)을 쓰세요.

01 음력 팔 月 [ ]

02 십오 日 은 추석입니다. [ ]

2 다음 밑줄 친 말에 해당하는 한자를 보기 에서 찾아 번호를 쓰세요.

보기 ❶ 山 ❷ 青 ❸ 月 ❹ 日

01 <u>푸른</u> 대나무가 곧게 자랐습니다. [ ]

02 산 위로 <u>달</u>이 떠오릅니다. [ ]

3 다음 한자의 훈(뜻)과 음(소리)을 쓰세요.

01 人 훈 ________ 음 ________

02 山 훈 ________ 음 ________

4 다음 한자의 진하게 표시한 획은 몇 번째 쓰는지 보기 에서 찾아 번호를 쓰세요.

보기
❶ 첫 번째 ❷ 두 번째 ❸ 세 번째 ❹ 네 번째 ❺ 다섯 번째
❻ 여섯 번째 ❼ 일곱 번째 ❽ 여덟 번째 ❾ 아홉 번째 ❿ 열 번째

01  青 [ ]

02 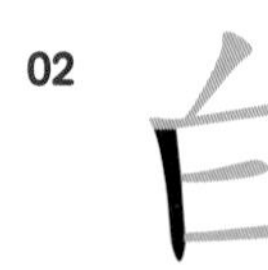 白 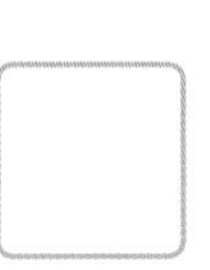 [ ]

한자교육진흥회 기출 · 예상문제

▶정답 p.123

1 다음 한자를 바르게 읽은 것을 보기 에서 찾아 번호를 쓰세요.

보기 ❶ 일 ❷ 월 ❸ 산 ❹ 백

01 白 설공주는 독이 든 사과를 먹고 쓰러졌습니다. [ ]

02 우리 마을은 山 으로 빵빵 둘러싸여 있습니다. [ ]

2 다음 안의 뜻을 가진 한자를 보기 에서 찾아 번호를 쓰세요.

보기 ❶ 月 ❷ 靑 ❸ 白 ❹ 日

01 해 가 너무 뜨거워서 종일 실내에만 있었습니다. [ ]

02 달 에 착륙한 우주인들이 찍힌 사진을 보았습니다. [ ]

3 한자의 훈(뜻)과 음(소리)을 보기 와 같이 한글로 쓰세요.

보기 一 → 한 일

01 靑 → ________

02 人 → ________

지구를 둘러싼 행성

전우치가 구름을 타고 산 넘고 물水 건너 궁궐에 이르렀어요.
흙土 바람이 일며 커다란 구름이 나타나자 임금과 신하들은 깜짝 놀랐지요.
몇몇 신하들은 갑자기 나타난 전우치를 보고 나무木와 건물 뒤로 숨기 바빴어요.

문장 힌트를 읽고 그림 속에 숨은 한자를 찾아봅시다.

水 金 火 木 土

군사들이 전우치가 들어간 먹물병을 쇠金 가마솥에 넣어 빼내려고 해요.
가마솥 아래로 사나운 불火길이 솟아오르고 연기가 피어올라요.

"전우치전"은 우리나라 고전소설이에요. 전우치는 도술을 부려 탐관오리를 괴롭히고 어려운 백성들을 도왔어요. 나라에 공을 세워 벼슬을 얻기도 했지만 역적으로 몰려 도망자 신세가 되지요. 후에 서경덕과의 도술 대결에서 지고 난 후, 도를 닦기 위해 태백산으로 들어간다는 이야기예요.

대통령이 수(水)해를 입은 사람들에게 금(金)일봉을 전달했어요.

*금일봉 : 금액을 밝히지 않고 종이에 싸서 주는 돈

물 수

부수 水(물 수)

획수 총 4획

中 水(shuǐ) 슈이*

'물 수'는 비 내리는 시냇물을 그린 모양이에요.

쇠 금 / 성 김

부수 金(쇠 금)

획수 총 8획

中 金(jīn) 찐

'쇠 금'은 금속을 만드는 연통과 불을 피우던 가마를 그린 모양이에요.

교과서 속 숨은 한자

과학

溫 水

溫 따뜻할 온

온수 : 따뜻하게 데워진 물

국어

生 水

生 날 생

생수 : 샘구멍에서 솟아나온 맑은 물

여름

洪 水

洪 넓을 홍

홍수 : 비가 많이 와서 갑자기 많아진 물

국어

黃 金

黃 누를 황

황금 : 누런 빛의 금

국어

入 金

入 들 입

입금 : 돈을 들여 놓거나 넣어 줌

미술

金 色

色 빛 색

금색 : 황금과 같은 누런 색

공부한 날 /

쓰는 순서에 맞게 예쁘게 따라 쓰세요.

총 4획 水 水 水 水

水	水	水				
물 수						

총 8획 金 金 金 金 金 金 金 金

金	金	金				
쇠 금 / 성 김						

알맞은 짝을 찾아 선으로 이으세요.

물 수 ● ● 金 ● ● 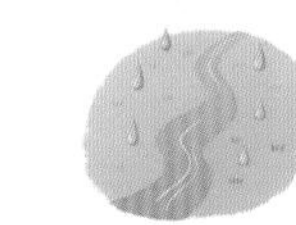

쇠 금 ● ● 水 ● ●

다음 밑줄 친 글자의 음(소리)을 한글로 쓰세요.

01 홍水의 피해를 최소화하기 위해서는 안전점검을 해야 합니다. → 

02 채현이는 통장을 만들고 그동안 모아두었던 용돈을 입金하였습니다. → 

03 보일러가 고장이 나서 온水가 나오지 않습니다. → 

04 승중이는 가족들과 황金같은 연휴를 보냈습니다. → 

토목(木) 공사 중에 화(火)재가 났어요.

부수 火(불 화)

획수 총 4획

中 火(huǒ) 후어

火

'불 화'는 솟아오르는 불길을 그린 모양이에요.

부수 木(나무 목)

획수 총 4획

中 木(mù) 무

木

'나무 목'은 땅에 뿌리를 박고 가지를 뻗어 나가는 나무를 그린 모양이에요.

교과서 속 숨은 한자

과학

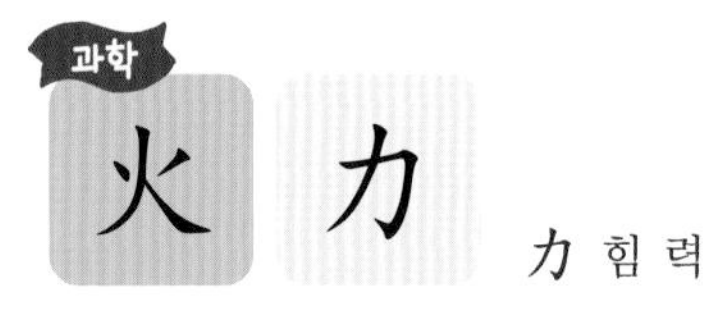

力 힘 력

화력 : 불을 켤 때 나는 불의 힘

안전

消 火 器

消 사라질 소
器 그릇 기

소화기 : 불을 끄는 기구

안전

災

災 재앙 재

화재 : 불이 나는 재앙

국어

樹 木

樹 나무 수

수목 : 살아 있는 나무

여름

木 手

手 손 수

목수 : 나무로 물건을 만드는 사람

미술

工

工 장인 공

목공 : 나무를 다듬어서 물건을 만드는 일

쓰는 순서에 맞게 예쁘게 따라 쓰세요.

총 4획 火 火 火 火

火	火	火				
불 화						

총 4획 木 木 木 木

木	木	木				
나무 목						

다음 그림의 알맞은 한자를 찾아 ○표 하세요.

木 | 火

火 | 木

다음 밑줄 친 글자의 음(소리)을 한글로 쓰세요.

01 틀어진 문을 木공소에 가서 고쳤습니다. →

02 서하는 학교에서 소火기 사용법을 배웠습니다. →

03 동균이는 가을소풍 때 처음으로 수木원에 갔습니다. →

04 불이 나자 火재경보기가 요란하게 울렸습니다. →

여름 방학 동안 국토(土) 대장정을 떠났어요.

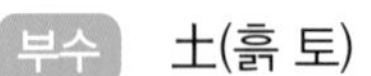

부수 土(흙 토)

획수 총 3획

中 土(tǔ) 투

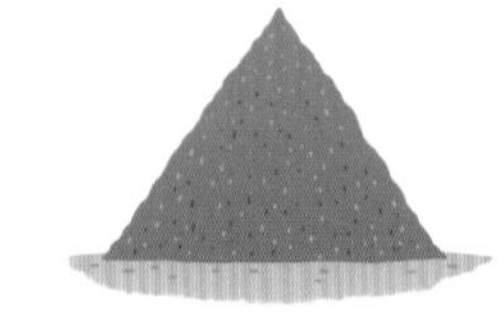

'흙 토'는 지면 위로 뭉쳐 있는 흙덩이를 그린 모양이에요.

*몸과 태어난 땅은 하나라는 뜻으로, 제 땅에서 산출된 것이라야 체질에 잘 맞는다는 말이에요.

여름 방학 동안 국토 대장정을 떠났어요.

쓰는 순서에 맞게 예쁘게 따라 쓰세요.

총 3획 土 土 土

土	土	土				
흙 토						

우주행성의 이름으로 사용되지 않는 한자에 ○표 하세요.

水　　金　　火　　山　　土

알맞은 짝을 찾아 선으로 이으세요.

 •　　　　• 土 •　　　　• 칠

 •　　　　　　　　　　　• 토

다음 밑줄 친 글자의 음(소리)을 한글로 쓰세요.

01 土지가 좋아야 농작물이 잘 자랍니다. →

02 독도는 역사적으로나 사회적으로나 대한민국의 국土임이 확실합니다. →

03 신土불이는 몸과 땅이 다르지 않다는 뜻입니다. →

04 지유는 황土 염색 체험과 공예품 만들기 체험을 하였습니다. →

연습문제

1 전우치가 구름을 타고 산 넘고 물 건너 궁궐을 가려 합니다. 메 산, 물 수를 따라가세요.

2 다음 한자 어원과 관련 있는 글자를 찾아 연결하세요.

3 다음 그림에서 숨은 한자를 찾으세요.

힌트

火
水
木
金
土

4 로켓을 타고 행성으로 출발합니다. 알맞은 행성을 찾아 선으로 이으세요.

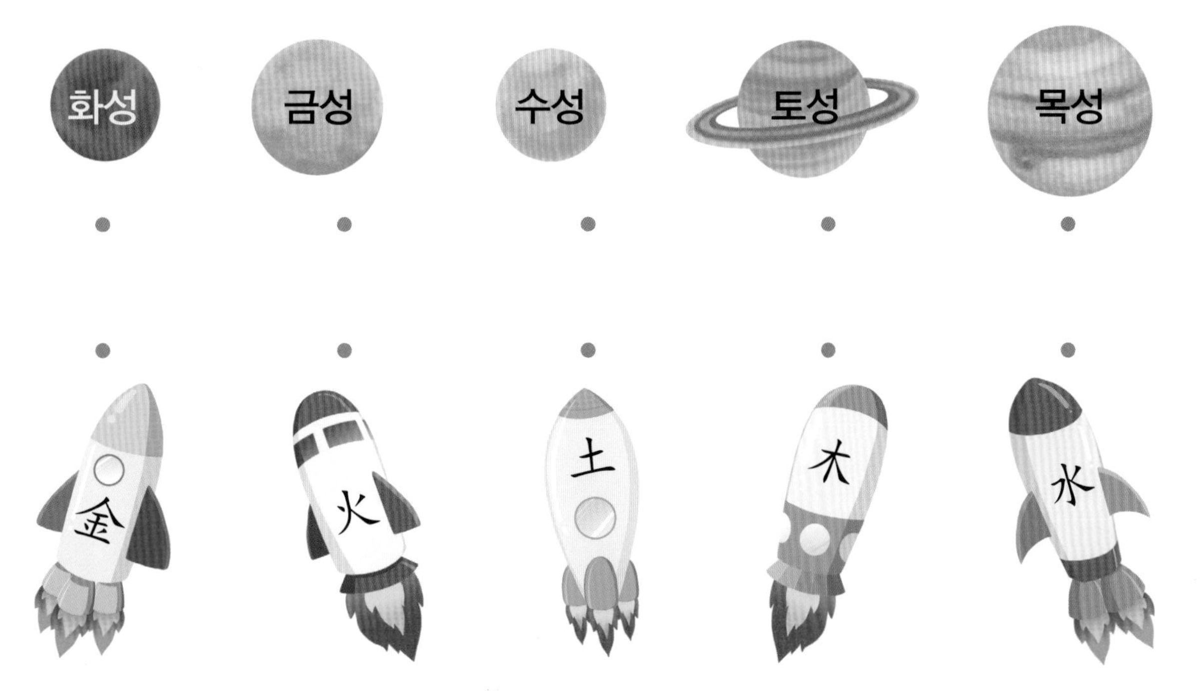

한국어문회 기출 · 예상문제

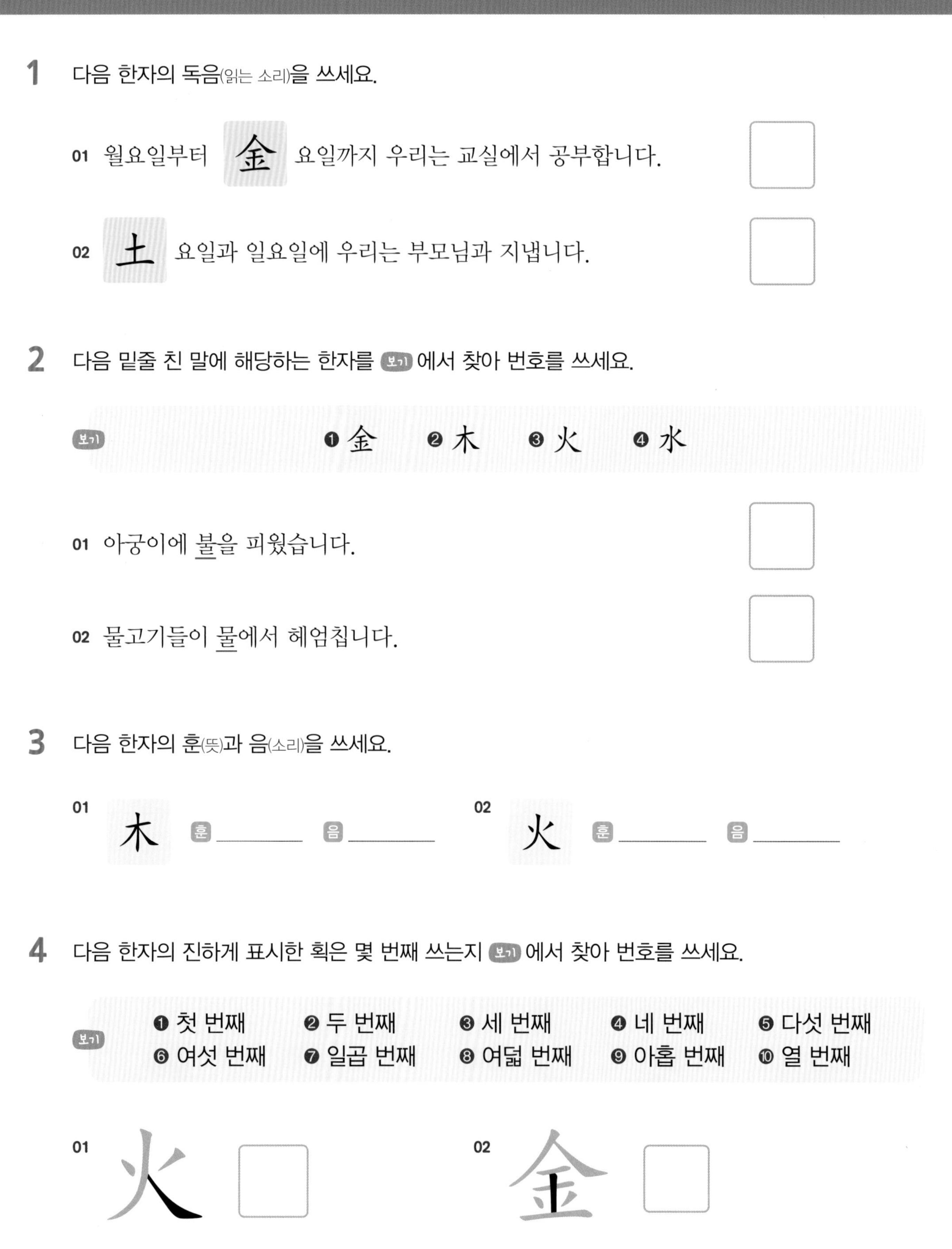

1 다음 한자의 독음(읽는 소리)을 쓰세요.

01 월요일부터 金 요일까지 우리는 교실에서 공부합니다. □

02 土 요일과 일요일에 우리는 부모님과 지냅니다. □

2 다음 밑줄 친 말에 해당하는 한자를 보기 에서 찾아 번호를 쓰세요.

보기 ❶ 金 ❷ 木 ❸ 火 ❹ 水

01 아궁이에 불을 피웠습니다. □

02 물고기들이 물에서 헤엄칩니다. □

3 다음 한자의 훈(뜻)과 음(소리)을 쓰세요.

01 木 훈 ________ 음 ________

02 火 훈 ________ 음 ________

4 다음 한자의 진하게 표시한 획은 몇 번째 쓰는지 보기 에서 찾아 번호를 쓰세요.

보기
❶ 첫 번째 ❷ 두 번째 ❸ 세 번째 ❹ 네 번째 ❺ 다섯 번째
❻ 여섯 번째 ❼ 일곱 번째 ❽ 여덟 번째 ❾ 아홉 번째 ❿ 열 번째

01 火 □

02 金 □

한자교육진흥회 기출 · 예상문제

▶정답 p.124

1 다음 한자를 바르게 읽은 것을 보기 에서 찾아 번호를 쓰세요.

보기 ❶ 화 ❷ 수 ❸ 목 ❹ 금

01 아버지와 水 산물시장에 다녀왔습니다. ☐

02 초 木 이 우거진 숲을 거닐었습니다. ☐

2 다음 안의 뜻을 가진 한자를 보기 에서 찾아 번호를 쓰세요.

보기 ❶ 金 ❷ 水 ❸ 火 ❹ 土

01 대장장이는 불 에 달군 쇳덩이를 망치로 내려쳤습니다. ☐

02 제비는 지푸라기와 흙 으로 부지런히 둥지를 꾸몄습니다. ☐

3 한자의 훈(뜻)과 음(소리)을 보기 와 같이 한글로 쓰세요.

보기 一 → 한 일

01 金 → ____________

02 火 → ____________

6단계 내가 살고 있는 곳

왜군이 우리 나라韓 조선을 공격한다는 소식이 들려왔어요.
이순신 장군은 나라國를 지키기 위해 군사들을 훈련시키며 왜군에 맞설 준비를 하고 있어요.

문장 힌트를 읽고 그림 속에 숨은 한자를 찾아봅시다.

韓 國 東 西 南 北

"왜군이 북쪽北 방향에서 수백 척의 배를 몰고 오면
우리는 배를 동쪽東과 서쪽西으로 일렬로 줄 세워 기다릴 것이다.
왜군이 공격을 시작하면 우리는 남쪽南으로 후퇴하는 척하다가
학의 날개 모양으로 왜군의 배를 감싸며 집중 공격을 퍼붓는다. 알겠느냐!"

"임진록"은 조선 시대 임진왜란을 배경으로 쓰여진 고전소설이에요. 이순신, 곽재우, 사명당을 비롯한 많은 영웅들이 등장하여 눈부신 활약으로 왜적을 굴복시킨다는 내용이에요.

한(韓)중일 삼국(國)의 정상이 모여 회의를 해요.

나라 / 한국 한

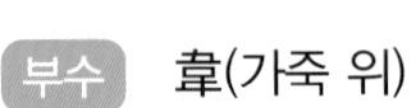

韓 韓

'나라 한'은 햇빛이 찬란하게 성을 비추는 모양으로 대한민국을 표현해요.

나라 국

부수 口(큰입구몸)

획수 총 11획

'나라 국'은 창을 들고 성벽을 경비하는 모양이에요.

교과서 속 숨은 한자

사회

韓 國

한국 : 대한민국을 줄여서 부르는 말

국어

服

服 옷 복

한복 : 우리 나라에서 옛날부터 입던 옷

국어

食

食 밥 식

한식 : 우리 나라에서 옛날부터 먹던 음식

사회

美

美 아름다울 미

미국 : 북아메리카 대륙의 가운데를 차지하는 연방 공화국

사회

愛 사랑 애

애국 : 자기 나라를 사랑함

三 석 삼

삼국 : 세 나라

쓰는 순서에 맞게 예쁘게 따라 쓰세요.

총 17획 韓 韓 韓 韓 韓 韓 韓 韓 韓 韓 韓 韓 韓 韓 韓 韓 韓

韓	韓	韓				
나라/한국 한						

총 11획 國 國 國 國 國 國 國 國 國 國 國

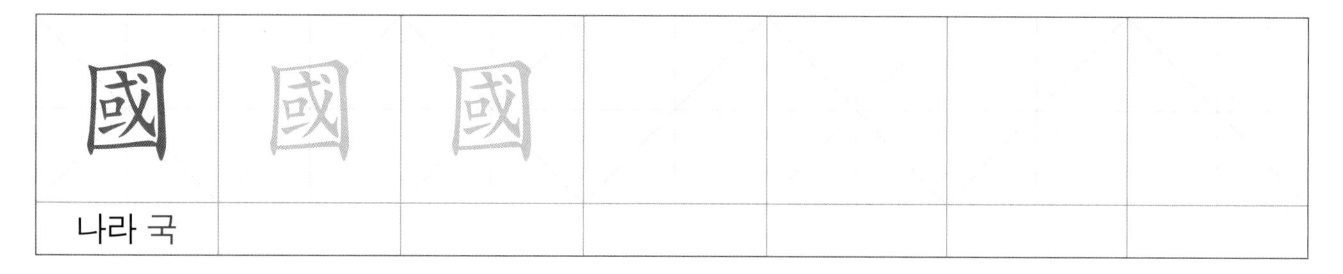

알맞은 짝을 찾아 선으로 이으세요.

나라/한국 한 • • 國 • •

나라 국 • • 韓 • •

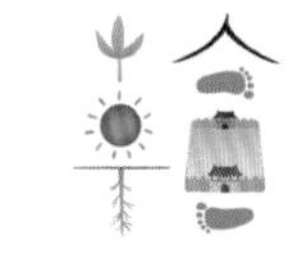

다음 밑줄 친 글자의 음(소리)을 한글로 쓰세요.

01 승연이는 韓식, 중식, 양식 모두 좋아합니다. →

02 나의 엄마는 한국인, 아빠는 미國인입니다. →

03 설날에 가족들 모두 알록달록한 韓복을 입었습니다. →

04 외국에 나가면 누구나 애國자가 된다고 합니다. →

동(東)양과 서(西)양이 조화를 이루어요.

동녘 동

부수 木(나무 목)

획수 총 8획

中 东(dōng) 똥

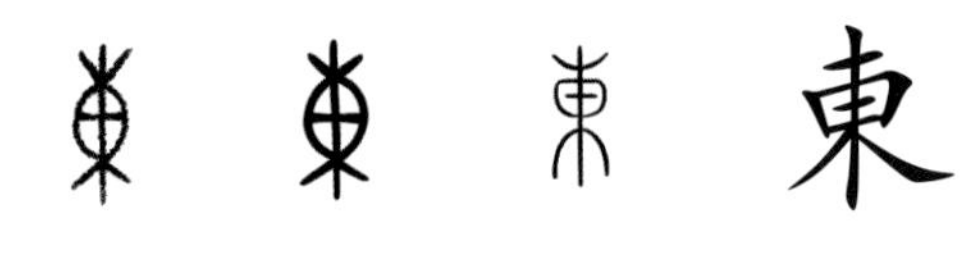

'동녘 동'은 꽁꽁 묶어 놓은 보따리를 그린 모양으로 나중에 동쪽을 표현하게 되었어요.

서녘 서

부수 襾(덮을 아)

획수 총 6획

中 西(xī) 시

'서녘 서'는 새의 둥지를 그린 모양으로 나중에 서쪽을 표현하게 되었어요.

교과서 속 숨은 한자

과학

 風

風 바람 풍

동풍 : 동쪽에서 부는 바람

사회

 海

海 바다 해

동해 : 동쪽 바다

국어

 大 門

大 큰 대
門 문 문

동대문 : 서울에 있는 흥인지문의 다른 이름

사회

 海

海 바다 해

서해 : 서쪽 바다

음악

 洋

洋 큰 바다 양

서양 : 유럽과 남북 아메리카의 여러 나라를 이르는 말

국어

 山

山 메 산

서산 : 서쪽에 있는 산

쓰는 순서에 맞게 예쁘게 따라 쓰세요.

총 8획 東 東 東 東 東 東 東 東

東	東	東				
동녘 동						

총 6획 西 西 西 西 西 西

西	西	西				
서녘 서						

다음 그림의 알맞은 한자를 찾아 ○표 하세요.

東 | 西

西 | 東

다음 밑줄 친 글자의 음(소리)을 한글로 쓰세요.

01 西산에 해가 지면 동산에 달이 떠오릅니다. →

02 우리나라 문화재 가운데 보물 1호는 東대문입니다. →

03 지호네 가족은 주말에 西해로 갯벌체험을 다녀왔습니다. →

04 이번 휴가 때 지은이는 東해로 여행을 갑니다. →

남(南)한과 북(北)한 사이에는 휴전선이 있어요.

남녘 남

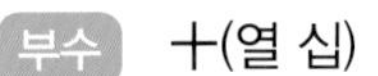

- 부수: 十(열 십)
- 획수: 총 9획
- 中: 南(nán) 난

'남녘 남'은 악기로 사용하던 종을 그린 모양으로 나중에 남쪽을 표현하게 되었어요.

북녘 북/달아날 배

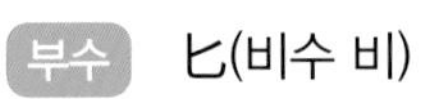

- 부수: 匕(비수 비)
- 획수: 총 5획
- 中: 北(běi) 베이

'북녘 북'은 두 사람이 등을 맞댄 것을 그린 모양으로 나중에 북쪽을 표현하게 되었어요.

교과서 속 숨은 한자

사회

南大門 — 大 큰 대, 門 문 문

남대문 : 조선 시대에 세운 한양의 남쪽 정문

여름

江南 — 江 강 강

강남 : 강의 남쪽

봄

南韓 — 韓 나라/한국 한

남한 : 대한민국 땅에서 휴전선 남쪽의 지역

과학

北風 — 風 바람 풍

북풍 : 북쪽에서 부는 바람

여름

北上 — 上 윗 상

북상 : 북쪽으로 올라감

봄

北韓 — 韓 나라/한국 한

북한 : 대한민국 땅에서 휴전선 북쪽의 지역

쓰는 순서에 맞게 예쁘게 따라 쓰세요.

총 9획 南 南 南 南 南 南 南 南 南

南	南	南				
남녘 남						

총 5획 北 北 北 北 北

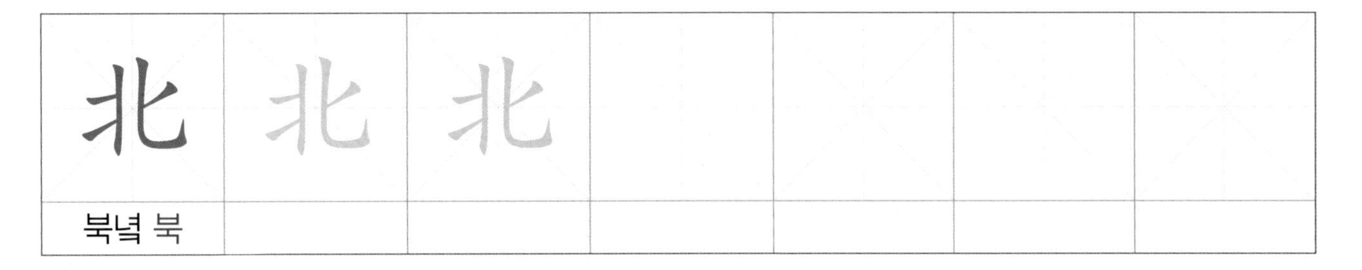

北	北	北				
북녘 북						

다음 한자의 훈(뜻)과 음(소리)을 쓰세요.

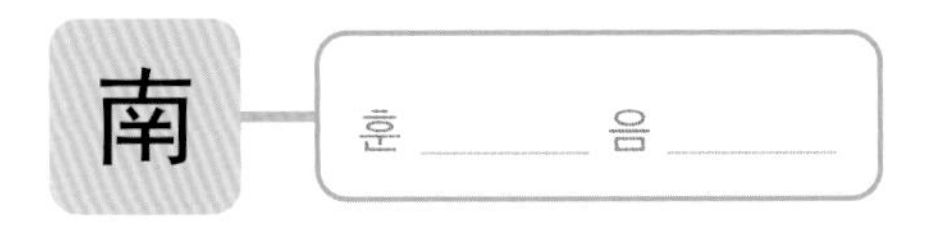

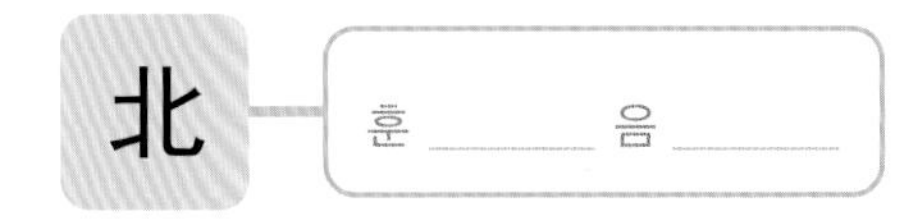

다음 밑줄 친 글자의 음(소리)을 한글로 쓰세요.

01 <u>北</u>한의 수도는 평양입니다. →

02 <u>南</u>대문은 우리나라 문화재 중 국보 1호입니다. →

03 태풍의 <u>北</u>상으로 한반도 전역이 태풍의 영향권에 들었습니다. →

04 한라산은 <u>南</u>한에서 가장 높은 산입니다. →

연습문제

1 화살이 동서남북 중 어느 방향으로 날아갈까요? 과녁의 빈칸에 알맞은 한자를 쓰세요.

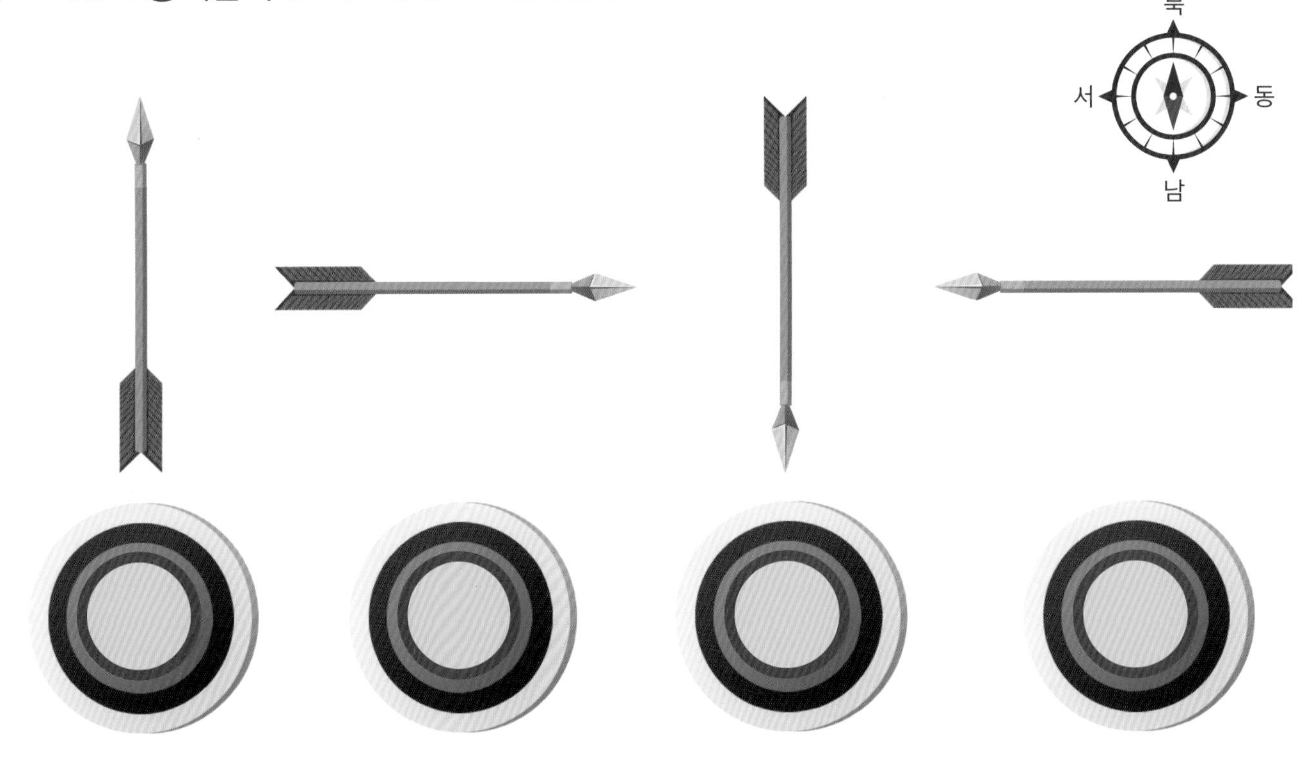

2 다음 한자 어원과 관련 있는 글자를 찾아 연결하세요.

3 펭귄이 한국 친구를 만나러 옵니다. 한국 한, 나라 국을 따라가세요.

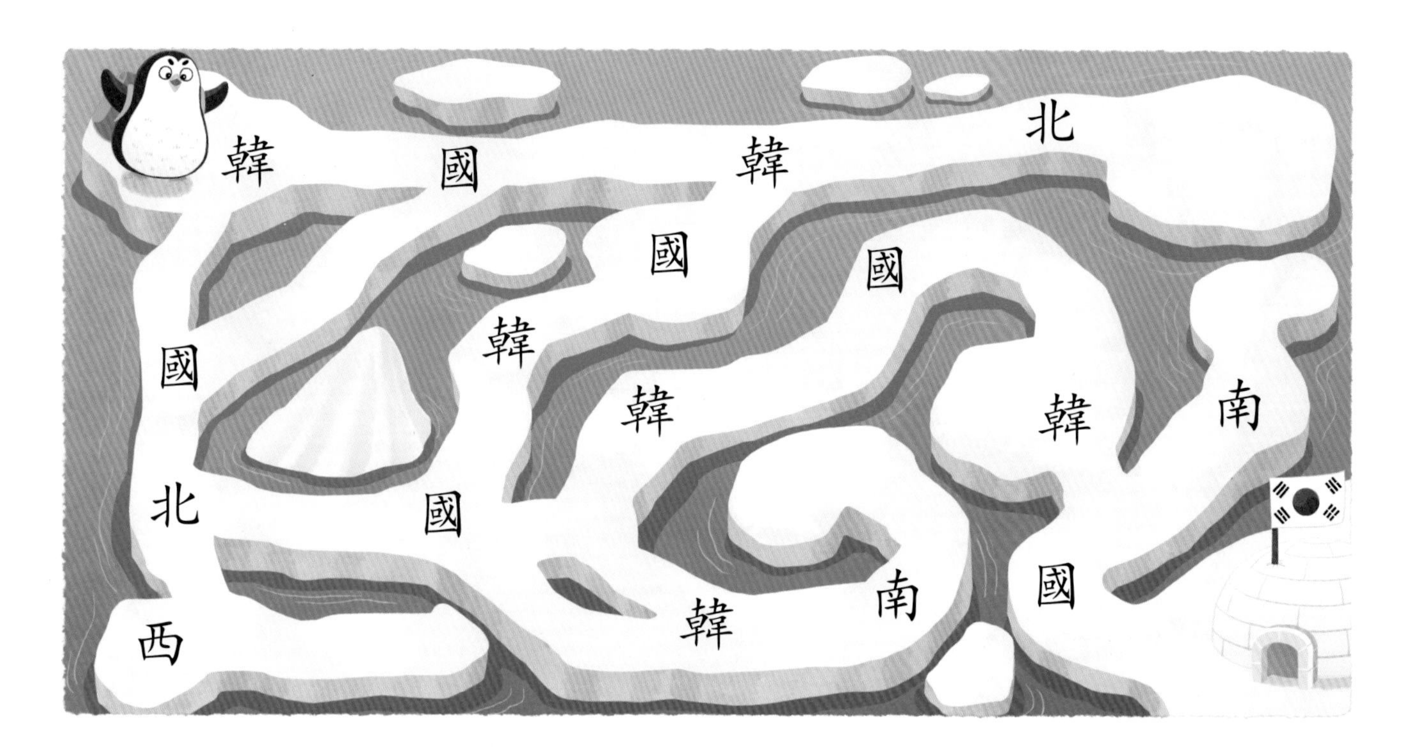

4 닭이 알을 낳았어요. 동, 서가 몇 개 있나요? 빈칸에 알맞은 답을 숫자로 쓰세요.

한국어문회 기출 · 예상문제

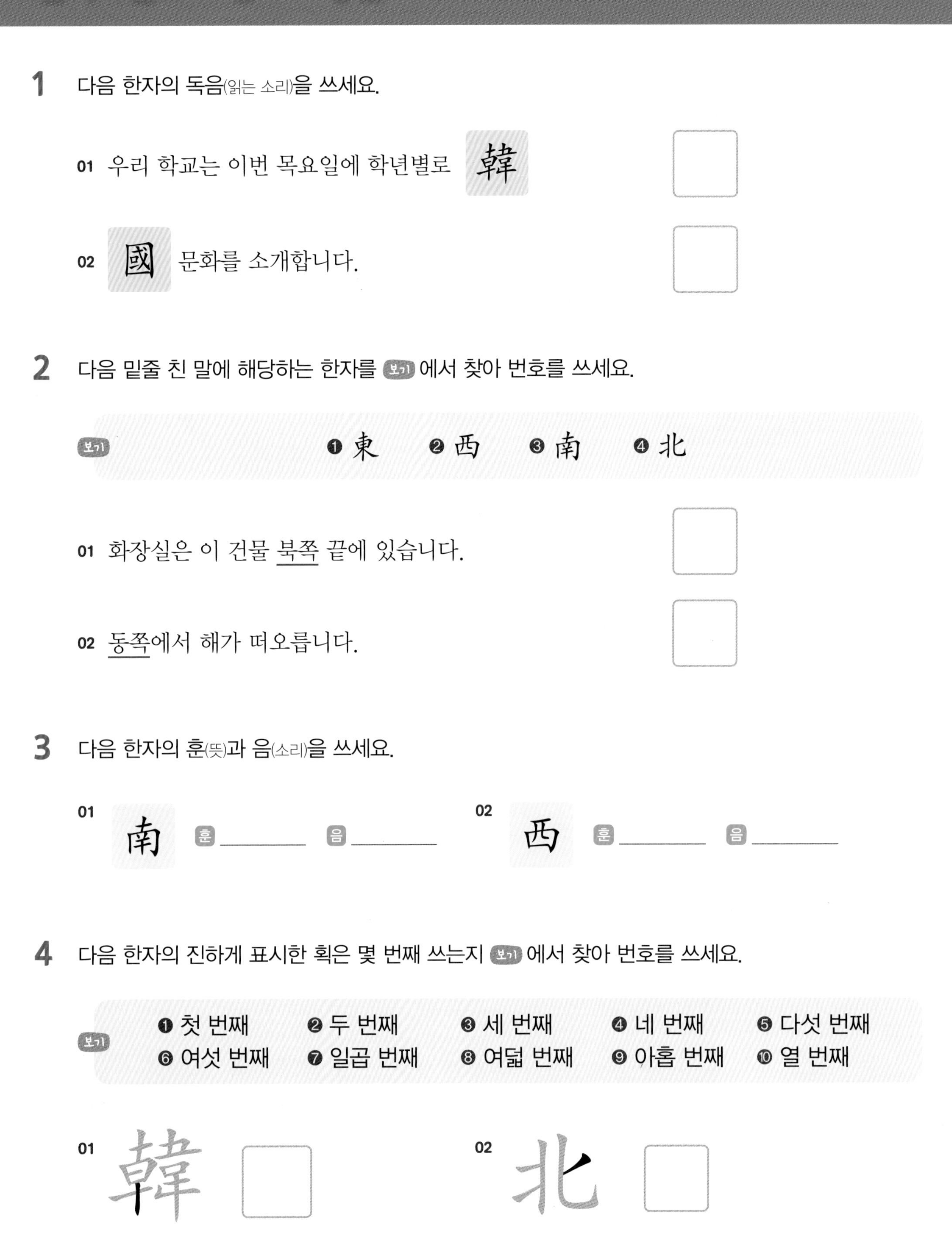

1 다음 한자의 독음(읽는 소리)을 쓰세요.

01 우리 학교는 이번 목요일에 학년별로 韓 □

02 國 문화를 소개합니다. □

2 다음 밑줄 친 말에 해당하는 한자를 보기 에서 찾아 번호를 쓰세요.

보기 ❶ 東 ❷ 西 ❸ 南 ❹ 北

01 화장실은 이 건물 <u>북쪽</u> 끝에 있습니다. □

02 <u>동쪽</u>에서 해가 떠오릅니다. □

3 다음 한자의 훈(뜻)과 음(소리)을 쓰세요.

01 南 훈 ______ 음 ______

02 西 훈 ______ 음 ______

4 다음 한자의 진하게 표시한 획은 몇 번째 쓰는지 보기 에서 찾아 번호를 쓰세요.

보기
❶ 첫 번째 ❷ 두 번째 ❸ 세 번째 ❹ 네 번째 ❺ 다섯 번째
❻ 여섯 번째 ❼ 일곱 번째 ❽ 여덟 번째 ❾ 아홉 번째 ❿ 열 번째

01 韓 □

02 北 □

한자교육진흥회 기출 · 예상문제

▶정답 p.124

1 다음 한자를 바르게 읽은 것을 보기 에서 찾아 번호를 쓰세요.

보기 ❶ 한 ❷ 국 ❸ 동 ❹ 서

01 예로부터 우리나라를  방예의지국이라 합니다. 

02 韓 반도의 곳곳에서 공룡의 화석이 발견되었습니다. 

2 다음 안의 뜻을 가진 한자를 보기 에서 찾아 번호를 쓰세요.

보기 ❶ 東 ❷ 西 ❸ 南 ❹ 北

01 서쪽 으로 해가 지고 있습니다.

02 기러기 떼가 북쪽 에서 날아왔습니다. 

3 한자의 훈(뜻)과 음(소리)을 보기 와 같이 한글로 쓰세요.

보기 一 → 한 일

01 南 → ____________

02 國 → ____________

7 단계 지혜를 배우는 곳

영조는 사도세자를 위해 '시강원' 이라는 학교校를 세워주었어요.
사도세자가 스승님의 가르침教에 따라 열심히 글을 배우고學 있어요.

문장 힌트를 읽고 그림 속에 숨은 한자를 찾아봅시다.

學 校 教 室 先 生

혜경궁 홍씨가 먼저先 세상을 떠난 남편을 그리워하며 자신의 일생을 담은 '한중록'을 쓰고 있어요.
병풍에 그려진 풍경화 속에 멋진 기와집室 한 채가 보여요.
그림 속에는 파릇파릇 돋아난生 풀들이 봄을 알리고 있어요.

"한중록"은 정조의 어머니였던 혜경궁 홍씨가 지은 궁중 일기에요. 혜경궁 홍씨는 50년간 궁중에서 생활하면서 겪었던 일들과 뒤주에 갇혀 세상을 떠난 남편 사도세자의 비극적인 죽음에 대한 이야기를 기록했어요.

학(學)생이 모여서 교(校)가를 불러요.

學

배울 학

부수 子(아들 자)

획수 총 16획

中 学(xué) 쉬에

'배울 학'은 집 위에 배움을 의미하는 爻(효 효)와 손을 그린 모양이에요.

校

학교 교

부수 木(나무 목)

획수 총 10획

中 校(xiào) 시아오

'학교 교'는 나무 옆에 다리가 묶여 심판 당하는 사람을 그린 모양으로 나중에 학교를 표현하게 되었어요.

교과서 속 숨은 한자

과학

學者 — 者 사람 자

학자 : 학문을 연구하는 사람

수학

學習 — 習 익힐 습

학습 : 배워서 익힘

국어

放學 — 放 놓을 방

방학 : 일정 기간 수업을 쉬는 일

안전

校內 — 內 안 내

교내 : 학교 안

국어

學校

학교 : 학생들이 배우는 곳

봄

校訓 — 訓 가르칠 훈

교훈 : 학교의 이념이나 목표를 간략하게 표현한 표어

쓰는 순서에 맞게 예쁘게 따라 쓰세요.

총 16획 學 學 學 學 學 學 學 學 學 學 學 學 學 學 學 學

學	學	學				
배울 학						

총 10획 校 校 校 校 校 校 校 校 校 校

校	校	校				
학교 교						

알맞은 짝을 찾아 선으로 이으세요.

학교 교 • • 校 • • 

배울 학 • • 學 • • 

다음 밑줄 친 글자의 음(소리)을 한글로 쓰세요.

01 하윤이는 여름방學 동안 외갓집에 놀러갔습니다. →

02 우리 학교의 校훈은 근면 · 성실입니다. →

03 외국어 學습은 반복해서 읽고 따라가는 것이 가장 좋습니다. →

04 지혁이는 校내 수학경시대회에서 우승하였습니다. →

교(教)육을 받기 위해 실(室)내로 들어 왔어요.

教

가르칠 교

부수 攵(등글월 문)

획수 총 11획

中 教(jiāo) 쮜아오

敎

'가르칠 교'는 회초리를 들고 아이를 가르치는 모양이에요.

室

집 실

부수 宀(갓머리)

획수 총 9획

中 室(shì) 스˚

室

'집 실'은 화살이 꽂혀 있는 집안을 그린 모양으로 집주인이 머무는 안쪽 방을 표현해요.

교과서 속 숨은 한자

국어

教 師

師 스승 사

교사 : 일정한 자격을 가지고 학생을 가르치는 사람

국어

教 訓

訓 가르칠 훈

교훈 : 앞으로의 삶에 도움이 되는 가르침

봄

教 科 書

科 과목 과
書 글 서

교과서 : 학교 수업 시간에 사용하는 책

과학

病 室

病 병 병

병실 : 병을 치료하기 위해 환자가 거처하는 방

사회

教 室

교실 : 학교에서 학습 활동이 이루어지는 방

체육

室 內

內 안 내

실내 : 방이나 건물의 안

쓰는 순서에 맞게 예쁘게 따라 쓰세요.

총 11획 敎 敎 敎 敎 敎 敎 敎 敎 敎 敎 敎

敎	敎	敎				
가르칠 교						

총 9획 室 室 室 室 室 室 室 室 室

室	室	室				
집 실						

다음 그림의 알맞은 한자를 찾아 ○표 하세요.

敎 | 室

室 | 敎

다음 밑줄 친 글자의 음(소리)을 한글로 쓰세요.

01 수업이 끝나자 학생들이 교室 밖으로 우르르 달려 나갔습니다. →

02 독서를 하면 읽는 즐거움과 많은 敎훈을 얻게 됩니다. →

03 민경이는 초등학교 敎사가 되는 것이 꿈입니다. →

04 室내 수영장에서는 수영모를 꼭 써야 합니다. →

부모님은 내 인생(生)의 선(先)배예요.

먼저 선

부수 儿(어진사람인발)

획수 총 6획

中 先(xiān) 씨엔

'먼저 선'은 사람보다 발이 앞서 나가는 것을 그린 모양이에요.

날 생

부수 生(날 생)

획수 총 5획

中 生(shēng) 성*

'날 생'은 땅 위로 돋아나는 새싹을 그린 모양이에요.

교과서 속 숨은 한자

과학

先 後 — 後 뒤 후

선후 : 먼저와 나중

국어

先 祖 — 祖 할아비 조

선조 : 먼 조상

수학

先 頭 — 頭 머리 두

선두 : 맨 앞

가을

九 死 一 生 — 九 아홉 구, 死 죽을 사, 一 한 일

구사일생 : 죽을 고비를 여러 번 넘기고 겨우 살아남

국어

苦 生 — 苦 쓸 고

고생 : 어렵고 고된 일을 겪음

여름

生 日 — 日 날 일

생일 : 태어난 날

쓰는 순서에 맞게 예쁘게 따라 쓰세요.

총 6획 先 先 先 先 先 先

先	先	先				
먼저 선						

총 5획 生 生 生 生 生

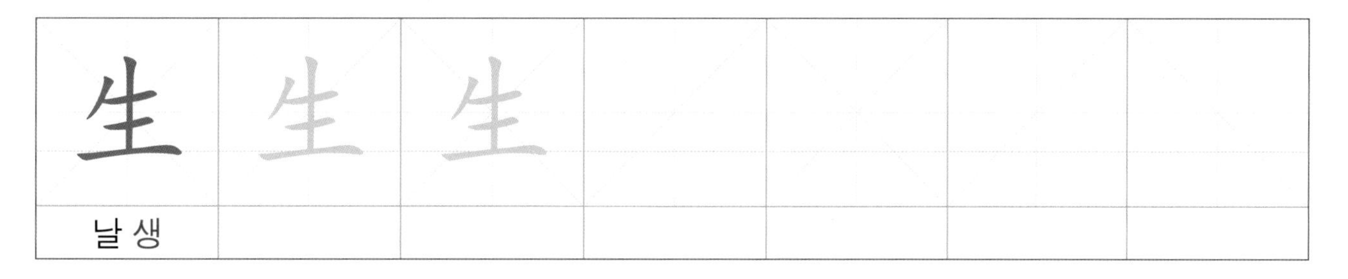

다음 한자의 훈(뜻)과 음(소리)을 쓰세요.

다음 밑줄 친 글자의 음(소리)을 한글로 쓰세요.

01 며칠 고<u>生</u>을 했더니 살이 쏙 빠졌습니다. →

02 9월 18일은 세아의 <u>生</u>일입니다. →

03 일을 잘 하려면 <u>先</u>후를 잘 따져서 해야 합니다. →

04 두 팀이 공동 <u>先</u>두에 올랐습니다. →

1 초코 선을 따라 생일인 사람을 찾아 빈칸에 알맞은 답을 한글로 쓰세요.

2 다음 한자 어원과 관련 있는 글자를 찾아 연결하세요.

3 다음 한자의 빠진 획을 쓰세요.

4 그림에서 선, 생, 교, 실을 찾아 몇 개인지 숫자를 쓰세요.

한국어문회 기출 · 예상문제

1 다음 한자의 독음(읽는 소리)을 쓰세요.

01 지난 금요일에 우리 學

02 校 에서는 가을 체육대회가 열렸습니다.

2 다음 밑줄 친 말에 해당하는 한자를 보기 에서 찾아 번호를 쓰세요.

보기 ❶ 校 ❷ 教 ❸ 先 ❹ 室

01 동생이 집에서 나를 기다렸습니다.

02 동환이는 외국인에게 길을 친절하게 가르쳐주었습니다.

3 다음 한자의 훈(뜻)과 음(소리)을 쓰세요.

01 生 훈 ________ 음 ________

02 先 훈 ________ 음 ________

4 다음 한자의 진하게 표시한 획은 몇 번째 쓰는지 보기 에서 찾아 번호를 쓰세요.

보기
❶ 첫 번째 ❷ 두 번째 ❸ 세 번째 ❹ 네 번째 ❺ 다섯 번째
❻ 여섯 번째 ❼ 일곱 번째 ❽ 여덟 번째 ❾ 아홉 번째 ❿ 열 번째

01 校

02 室

한자교육진흥회 기출 · 예상문제

▶정답 p.125

1 다음 한자를 바르게 읽은 것을 보기 에서 찾아 번호를 쓰세요.

보기 ❶ 학 ❷ 교 ❸ 선 ❹ 생

01 항상 學 습 태도를 바르게 해야 합니다. [ ]

02 아버지는 섬마을에서 출 生 하셨습니다. [ ]

2 다음 [ ] 안의 뜻을 가진 한자를 보기 에서 찾아 번호를 쓰세요.

보기 ❶ 校 ❷ 教 ❸ 室 ❹ 先

01 스승의 **가르침** 을 잘 따르는 것이 제자의 도리입니다. [ ]

02 우리는 앞에 간 사람들보다 **먼저** 도착했습니다. [ ]

3 한자의 훈(뜻)과 음(소리)을 보기 와 같이 한글로 쓰세요.

보기 一 → 한 일

01 校 → ________

02 室 → ________

서로 다른 우리

배 가운데中 높이 걸린 깃발이 바람에 펄럭이고 있어요.
심청이 뱃머리 위上에 올라 아버지의 눈이 떠지게 해달라고 기도해요.
아래下쪽을 내려다보니 시커멓고 거친 파도가 넘실대고 있어요.
바람에 흩날리는 작은小 빗방울들이 심청의 눈물 같아요.

문장 힌트를 읽고 그림 속에 숨은 한자를 찾아봅시다.

上 下 大 小 中 外

심 봉사가 그토록 그리던 딸을 만나자 눈이 턱 하며 크게大 떠졌어요.
궁궐 바깥外 달님도 방긋 웃으며 함께 기뻐하고 있어요.
8
上
下
大
小
中
外
"심청전"은 조선 시대에 쓰여진 한글 소설이에요. 심청은 아버지의 눈을 뜨게 하려고 자신을 공양미 삼백 석에 팔아 인당수에 빠졌어요. 하지만 심청의 효성에 감복한 상제의 도움으로 심청은 왕후가 되어 아버지를 만나고 눈도 뜰 수 있게 되었다는 이야기예요.

지상(上)에서 지하(下)로 이동했어요.

윗 상

부수 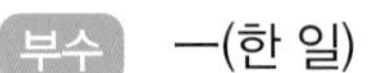 一(한 일)

획수 총 3획

中 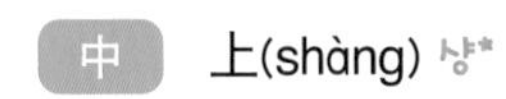 上(shàng) 샹*

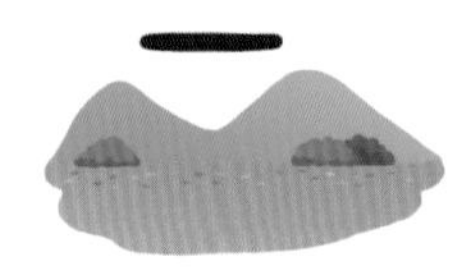

'윗 상'은 땅 위에 선을 하나 더 그어서 하늘을 표현한 모양이에요.

아래 하

부수 一(한 일)

획수  총 3획

中  下(xià) 시아

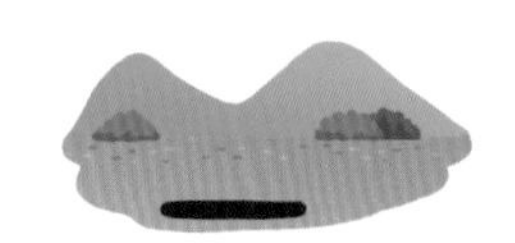

'아래 하'는 땅 아래에 선을 하나 더 그어서 땅을 표현한 모양이에요.

교과서 속 숨은 한자

국어

上衣 — 衣 옷 의

상의 : 위에 입는 옷

국어

向上 — 向 향할 향

향상 : 실력, 기술이 나아짐

국어

上京 — 京 서울 경

상경 : 지방에서 서울로 감

사회

下待 — 待 기다릴 대

하대 : 상대를 낮게 대우함

국어

地下 — 地 땅 지

지하 : 땅 아래

국어

部下 — 部 떼 부

부하 : 다른 사람 밑에서 명령을 따르는 사람

쓰는 순서에 맞게 예쁘게 따라 쓰세요.

총 3획 上 上 上

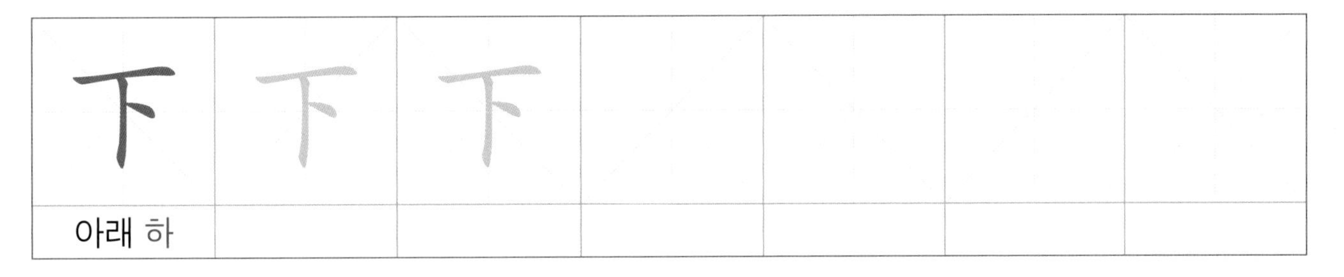

上	上	上				
윗 상						

총 3획 下 下 下

下	下	下				
아래 하						

알맞은 짝을 찾아 선으로 이으세요.

윗 상 • • 下 • • 

아래 하 • • 上 • • 

다음 밑줄 친 글자의 음(소리)을 한글로 쓰세요.

01 엄마는 지下철을 타고 출근하십니다. →

02 영우는 열심히 공부하여 수학점수가 많이 향上되었습니다. →

03 시윤이는 오늘 백화점에 가서 두꺼운 上의를 샀습니다. →

04 남을 함부로 下대해서는 안됩니다. →

어른을 대(大)인, 어린이를 소(小)인이라고 해요.

大

큰 대

부수 大(큰 대)

획수 총 3획

中 大(dà) 따

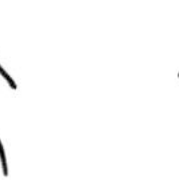

'큰 대'는 양 팔을 벌리고 서 있는 사람을 그린 모양이에요.

小

작을 소

부수 小(작을 소)

획수 총 3획

中 小(xiǎo) 시아오

'작을 소'는 튀어 나오는 작은 파편을 그린 모양이에요.

교과서 속 숨은 한자

국어

遠 大   遠 멀 원

원대 : 계획이나 희망의 규모가 큼

국어

大 會   會 모일 회

대회 : 큰 모임이나 회의

겨울

大 部 分   部 떼 부 / 分 나눌 분

대부분 : 반이 훨씬 넘게, 거의 모두

국어

小 心   心 마음 심

소심 : 작은 것까지 신경 쓸 정도로 조심하는 마음

사회

小 形   形 모양 형

소형 : 사물의 작은 형체

봄

縮 小   縮 줄일 축

축소 : 크기를 작게 줄임

쓰는 순서에 맞게 예쁘게 따라 쓰세요.

총 3획 大 大 大

大	大	大				
큰 대						

총 3획 小 小 小

小	小	小				
작을 소						

다음 그림의 알맞은 한자를 찾아 ○표 하세요.

大 ¦ 小

大 ¦ 小

다음 밑줄 친 글자의 음(소리)을 한글로 쓰세요.

01 평소 小심한 성격인 내가 용기를 내어 무대에서 노래를 불렀습니다. →

02 공으로 하는 大부분의 운동은 전신운동에 속합니다. →

03 전자제품이 점점 小형화되고 있습니다. →

04 체육 大회에서 효원이네 반이 일 등을 했습니다. →

엄마는 도시의 중(中)심보다는 시외(外)에 사는 것이 더 좋대요.

가운데 중

부수  ㅣ(뚫을 곤)

획수 총 4획

中 中(zhōng) 쫑*

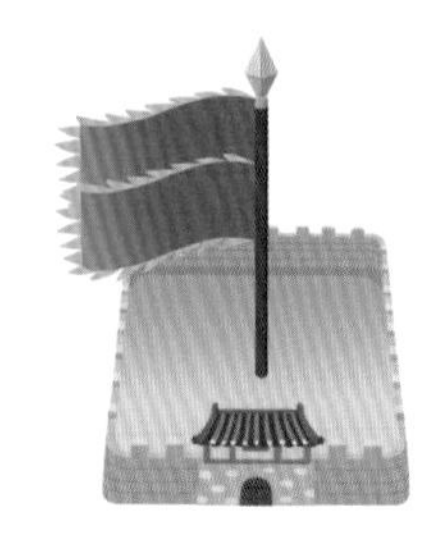

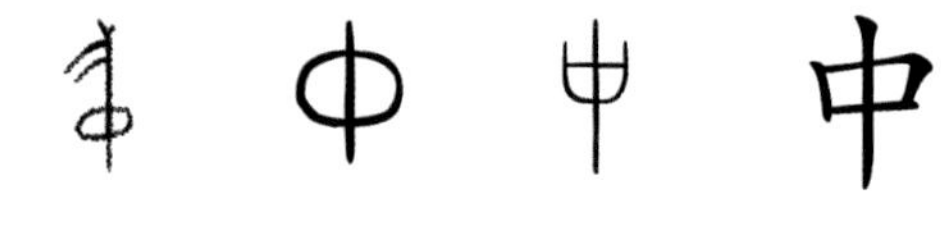

'가운데 중'은 군대의 가운데에 꽂아 놓은 깃발을 그린 모양이에요.

바깥 외

부수 夕(저녁 석)

획수 총 5획

中 外(wài) 와이

'바깥 외'는 저녁에 점을 치는 모양으로 관례에서 벗어나는 일이라 바깥을 표현하게 되었어요.

교과서 속 숨은 한자

여름

 中 心

心 마음 심

중심 : 사물의 한가운데

여름

 中 國

國 나라 국

중국 : 아시아 동쪽에 있고 수도가 베이징인 나라

국어

集  中

集 모을 집

집중 : 한 가지 일에 힘을 쏟음

여름

 外  國

國 나라 국

외국 : 다른 나라

사회

在  外

在 있을 재

재외 : 외국에 있음

안전

 野  外

野 들 야

야외 : 시가지에서 멀리 떨어져 있는 들판

쓰는 순서에 맞게 예쁘게 따라 쓰세요.

총 4획 中 中 中 中

中	中	中				
가운데 중						

총 5획 外 外 外 外 外

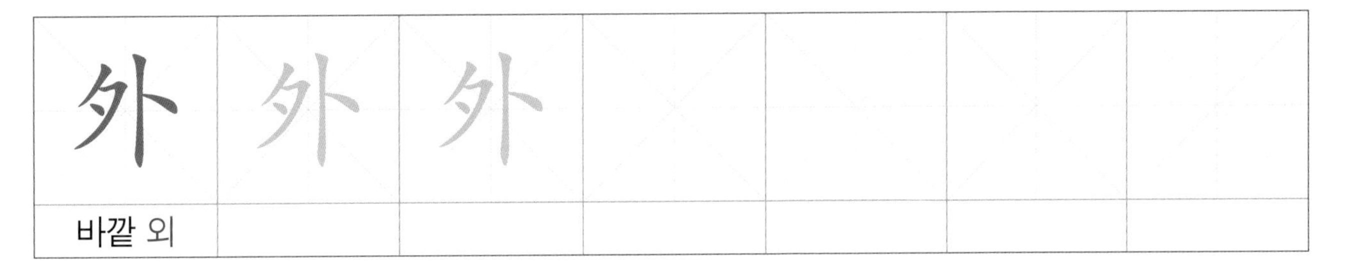

外	外	外				
바깥 외						

다음 한자의 훈(뜻)과 음(소리)을 쓰세요.

中 — 훈 ______ 음 ______

外 — 훈 ______ 음 ______

다음 밑줄 친 글자의 음(소리)을 한글로 쓰세요.

01 분위기가 산만해서 집中이 되지 않습니다. →

02 민정이는 外국어를 유창하게 구사합니다. →

03 서윤이는 中국어를 배운지 2년이 되었습니다. →

04 주말에 야外에서 캠핑을 하기로 했습니다. →

1 화살표의 방향을 잘 보고 상, 하 중 알맞은 한자를 쓰세요.

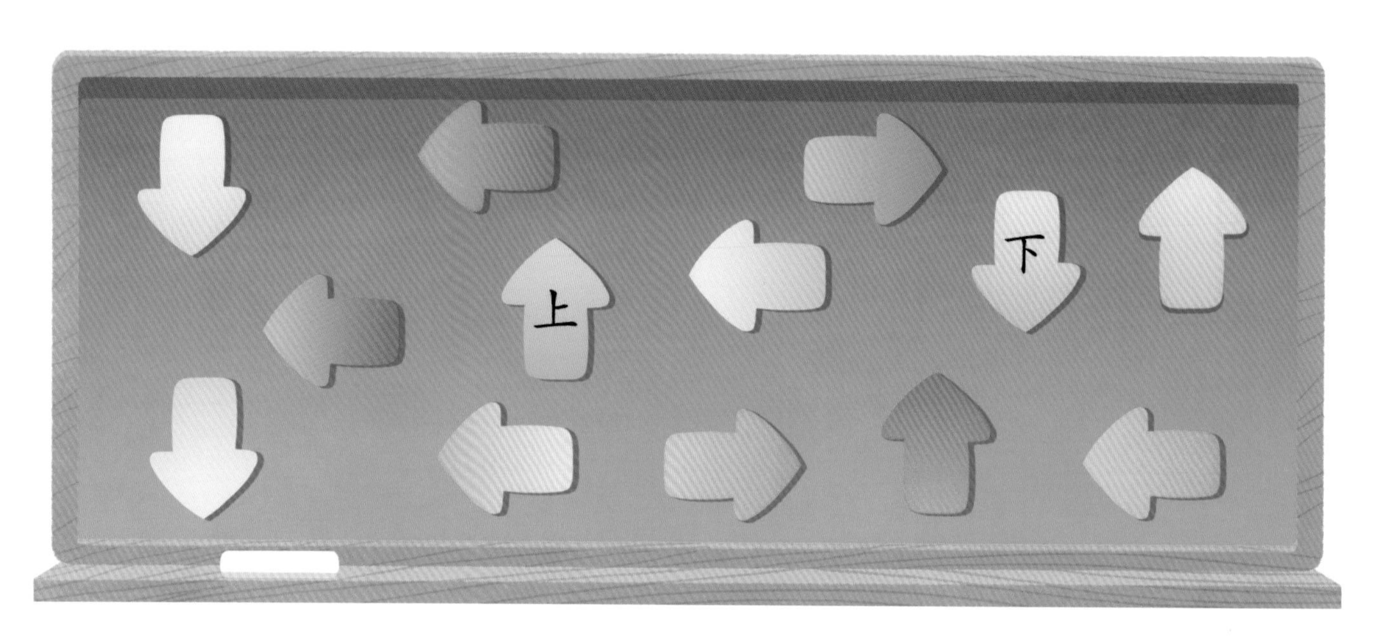

2 다음 한자 어원과 관련 있는 글자를 찾아 연결하세요.

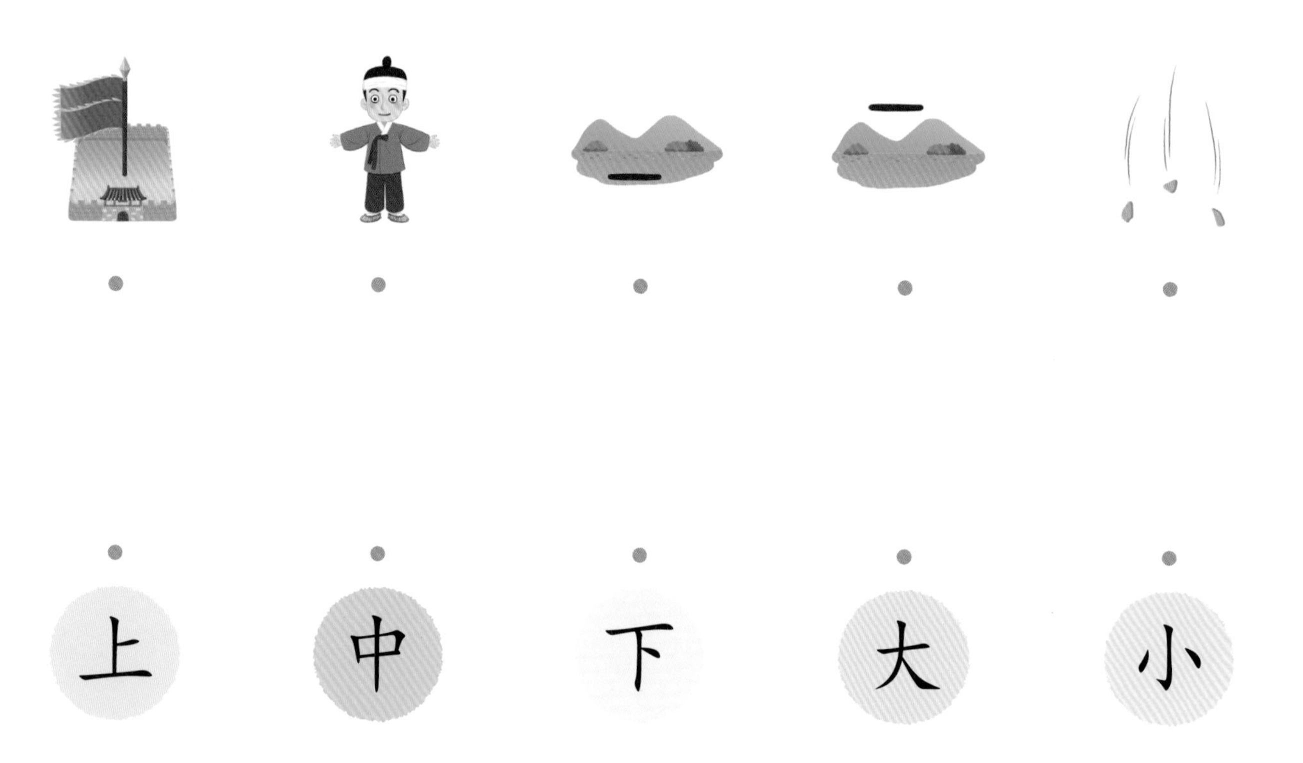

3 어떤 코드를 꽂아야 전등이 켜질까요? 정답을 찾아 빈칸에 쓰세요.

4 그림을 보고 대, 소 중 알맞은 글자를 한자로 쓰세요.

한국어문회 기출 · 예상문제

1 다음 한자의 독음(읽는 소리)을 쓰세요.

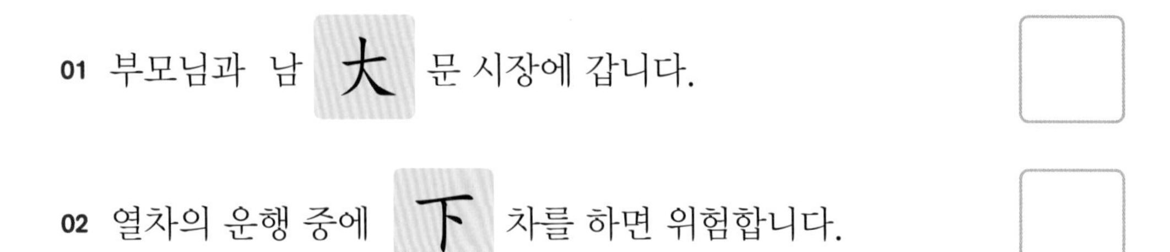

01 부모님과 남 大 문 시장에 갑니다. ☐

02 열차의 운행 중에 下 차를 하면 위험합니다. ☐

2 다음 밑줄 친 말에 해당하는 한자를 보기 에서 찾아 번호를 쓰세요.

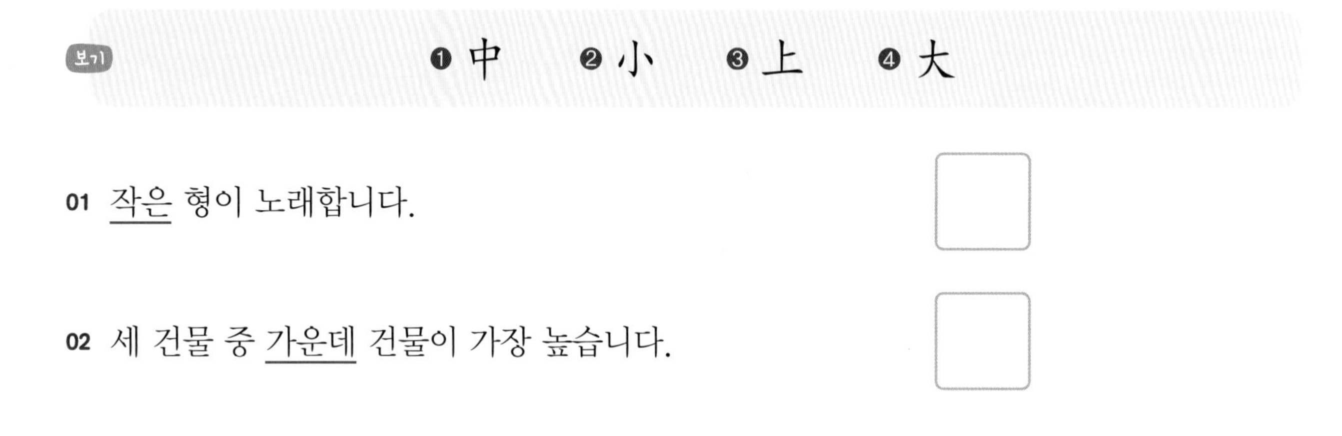

보기 ❶ 中 ❷ 小 ❸ 上 ❹ 大

01 작은 형이 노래합니다. ☐

02 세 건물 중 가운데 건물이 가장 높습니다. ☐

3 다음 한자의 훈(뜻)과 음(소리)을 쓰세요.

01 上 훈 ________ 음 ________

02 外 훈 ________ 음 ________

4 다음 한자의 진하게 표시한 획은 몇 번째 쓰는지 보기 에서 찾아 번호를 쓰세요.

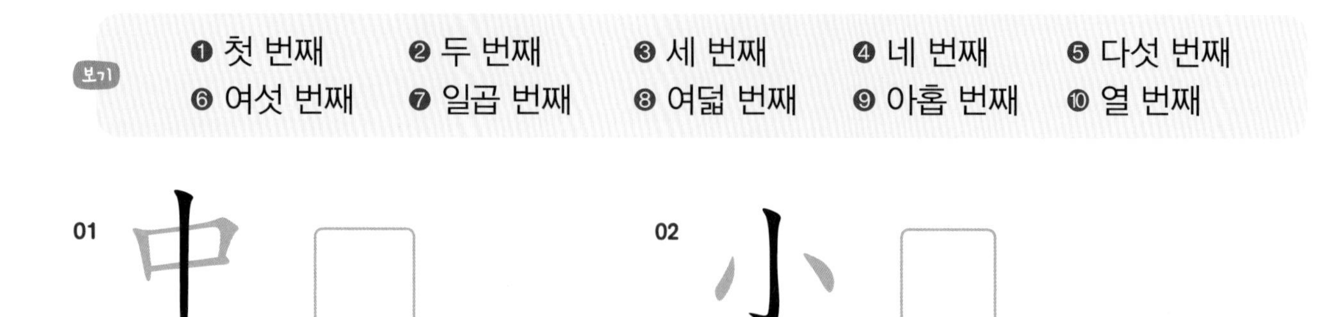

보기
❶ 첫 번째 ❷ 두 번째 ❸ 세 번째 ❹ 네 번째 ❺ 다섯 번째
❻ 여섯 번째 ❼ 일곱 번째 ❽ 여덟 번째 ❾ 아홉 번째 ❿ 열 번째

01 中 ☐

02 小 ☐

한자교육진흥회 기출 · 예상문제

▶정답 p.126

1 다음 한자를 바르게 읽은 것을 보기 에서 찾아 번호를 쓰세요.

보기 ❶ 대 ❷ 중 ❸ 상 ❹ 하

01 누나는 내년에 中 학생이 됩니다. [ ]

02 기온이 영 下 로 떨어지면 물이 얼어버립니다. [ ]

2 다음 [ ] 안의 뜻을 가진 한자를 보기 에서 찾아 번호를 쓰세요.

보기 ❶ 外 ❷ 中 ❸ 下 ❹ 小

01 초인종 소리에 문 바깥 을 내다보았습니다. [ ]

02 작은 물건은 잃어버리지 않도록 주머니에 넣어둡니다. [ ]

3 한자의 훈(뜻)과 음(소리)을 보기 와 같이 한글로 쓰세요.

보기 一 → 한 일

01 大 → ________

02 上 → ________

우리는 나라 지킴이

홍길동은 못된 양반의 재물을 빼앗아 백성民에게 나누어 주었어요.
머리 긴長 노인이 홍길동에게 곡식을 받고 감사 인사를 해요.
홍길동은 순식간에 만萬백성의 영웅이 되었어요.

문장 힌트를 읽고 그림 속에 숨은 한자를 찾아봅시다.

軍 萬 門 長 王 民

홍길동이 율도국을 건설하여 왕王이 되었어요.
군사軍들이 홍길동의 지휘 아래 열심히 훈련하고 있어요.
멀리 집 문門을 걸어 잠그고 논밭에 나가 일하는 백성들이 보여요.
門
王
軍
9
軍
萬
門
長
王
民
"홍길동전"은 허균이 지은 우리나라 최초의 한글 소설이에요. 홍길동은 능력이 뛰어나지만 서얼로 태어나 천대받으며 자랐어요. 방황하던 홍길동은 활빈당을 만들어서 탐관오리를 혼내 주고 벼슬까지 하게 되지요. 그 뒤 고국을 떠난 홍길동은 율도국을 발견하여 왕이 된다는 이야기예요.

우리 부대에는 만(萬) 명의 군(軍)인이 있어요.

軍

군사 군

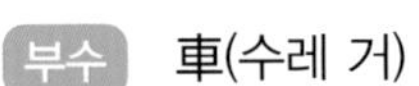

부수 車(수레 거)

획수 총 9획

中 军(jūn) 쥔

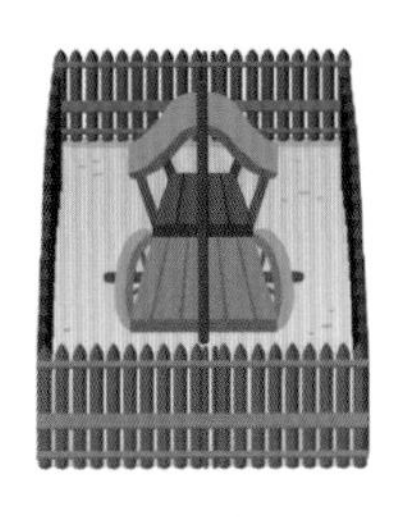

'군사 군'은 진지 안에 전차가 있는 군대를 그린 모양이에요.

萬

일만 만

부수 艹(초두머리)

획수 총 13획

中 万(wàn) 완

'일만 만'은 전갈의 두 집게 다리와 몸, 꼬리를 그린 모양으로 나중에 일만을 표현하게 되었어요.

교과서 속 숨은 한자

사회 軍人 — 人 사람 인

군인 : 군대에서 일하고 힘쓰는 사람

사회 海軍 — 海 바다 해

해군 : 바다에서 공격과 방어의 임무를 수행하는 군대

봄 將軍 — 將 장수 장

장군 : 군대에서 가장 높은 사람

국어 萬一 — 一 한 일

만일 : 혹시 있을 지도 모르는 뜻밖의 일

봄 萬物 — 物 물건 물

만물 : 세상에 있는 모든 것

봄 萬世 — 世 인간 세

만세 : 바람이나 경축, 환호의 느낌으로 외치는 일

쓰는 순서에 맞게 예쁘게 따라 쓰세요.

총 9획 軍 軍 軍 軍 軍 軍 軍 軍 軍

軍	軍	軍				
군사 군						

총 13획 萬 萬 萬 萬 萬 萬 萬 萬 萬 萬 萬 萬 萬

萬	萬	萬				
일만 만						

알맞은 짝을 찾아 선으로 이으세요.

일만 만 • • 軍 • •

군사 군 • • 萬 • •

다음 밑줄 친 글자의 음(소리)을 한글로 쓰세요.

01 여행할 때는 萬일을 대비하여 비상 약을 챙겨야 합니다. →

02 이순신 장軍은 명량해전에서 두려움 대신 용기를 선택했습니다. →

03 승원이의 큰형은 내일 軍인이 됩니다. →

04 유관순은 萬세운동에 앞장선 열일곱 살 독립운동가입니다. →

교장(長)선생님은 항상 교문(門)에서 인사를 해주세요.

門
문 문

- 부수: 門(문 문)
- 획수: 총 8획
- 中: 门(mén) 먼

'문 문'은 양쪽으로 여닫는 큰 문을 그린 모양이에요.

長
길 / 어른 장

- 부수: 長(길 장)
- 획수: 총 8획
- 中: 长(cháng) 창*

'길 장'은 머리카락이 긴 노인을 그린 모양이에요.

교과서 속 숨은 한자

국어

正 門 — 正 바를 정

정문 : 건물의 정면에 있는 출입문

안전

窓 門 — 窓 창 창

창문 : 벽이나 지붕에 만든 문

국어

校 門 — 校 학교 교

교문 : 학교의 문

사회

長 短 — 短 짧을 단

장단 : 길고 짧음

국어

班 長 — 班 나눌 반

반장 : 반을 대표하는 사람

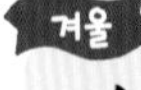

겨울

會 長 — 會 모일 회

회장 : 모임의 대표

공부한 날
/

쓰는 순서에 맞게 예쁘게 따라 쓰세요.

총 8획

門	門	門				
문 문						

총 8획

長	長	長				
길/어른 장						

9
軍 萬 門 長 王 民

다음 그림의 알맞은 한자를 찾아 ○표 하세요.

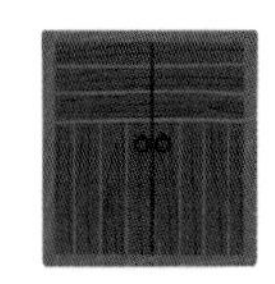

門 | 長

門 | 長

다음 밑줄 친 글자의 음(소리)을 한글로 쓰세요.

01 비가 와서 집의 모든 창<u>門</u>을 닫았습니다. →

02 민지는 학생회<u>長</u> 선거에 출마했습니다. →

03 학교 끝나고 정<u>門</u>에서 친구와 만나기로 했습니다. →

04 소윤이는 2학년 3반 반<u>長</u>이 되었습니다. →

세종대왕(王)은 애민(民)사상으로 한글을 창제했어요.

임금 왕

부수 王(구슬 옥)

획수 총 4획

中 王(wáng) 왕

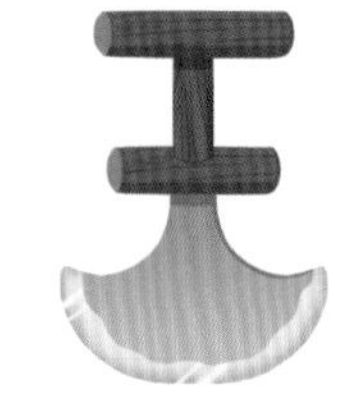

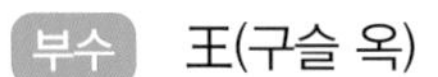

'임금 왕'은 고대에 권력을 상징하던 도끼를 그린 모양이에요.

백성 민

부수 氏(각시 씨)

획수 총 5획

中 民(mín) 민

'백성 민'은 도망가지 못하게 눈이 찔린 노예의 눈을 그린 모양이에요.

교과서 속 숨은 한자

과학

女 王 — 女 여자 녀(여)

여왕 : 여자 임금

사회

民 族 — 族 겨레 족

민족 : 일정 지역에서 긴 시간 함께 생활하며 만들어진 집단

국어

王 朝 — 朝 아침 조

왕조 : 같은 왕가에 속하는 왕들의 계통

사회

農 民 — 農 농사 농

농민 : 농사짓는 일을 생업으로 삼은 사람

국어

龍 王 — 龍 용 용

용왕 : 전설에 나오는 바닷속 임금

체육

國 民 — 國 나라 국

국민 : 국가를 구성하는 사람

쓰는 순서에 맞게 예쁘게 따라 쓰세요.

총 4획 王 王 王 王

王	王	王				
임금 왕						

총 5획 民 民 民 民 民

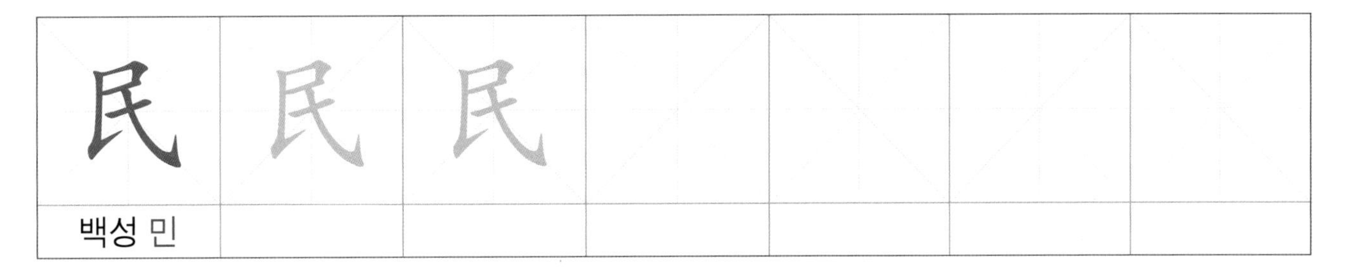

다음 한자의 훈(뜻)과 음(소리)을 쓰세요.

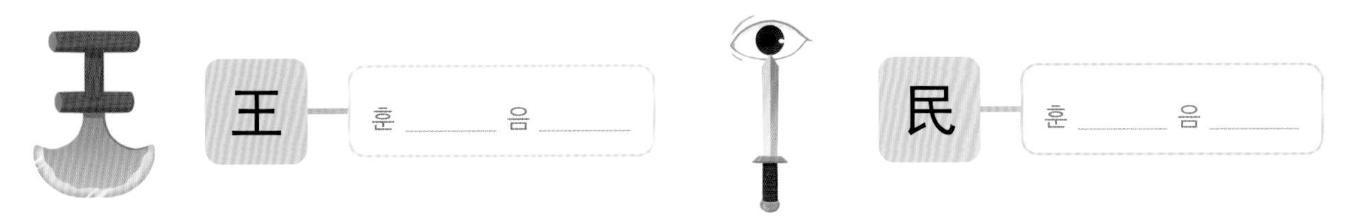

다음 밑줄 친 글자의 음(소리)을 한글로 쓰세요.

01 대한민국 국民의 시민의식에 자부심을 느꼈습니다. →

02 용王님의 병을 낫게 하기 위해 자라는 육지로 올라갔습니다. →

03 윷놀이는 우리 民족의 전통놀이 중 하나입니다. →

04 이성계는 새 王조인 조선을 건국하였습니다. →

연습문제

1 보기 를 보고 지워진 획을 찾아 쓰고, 몇 번째 획인지 쓰세요.

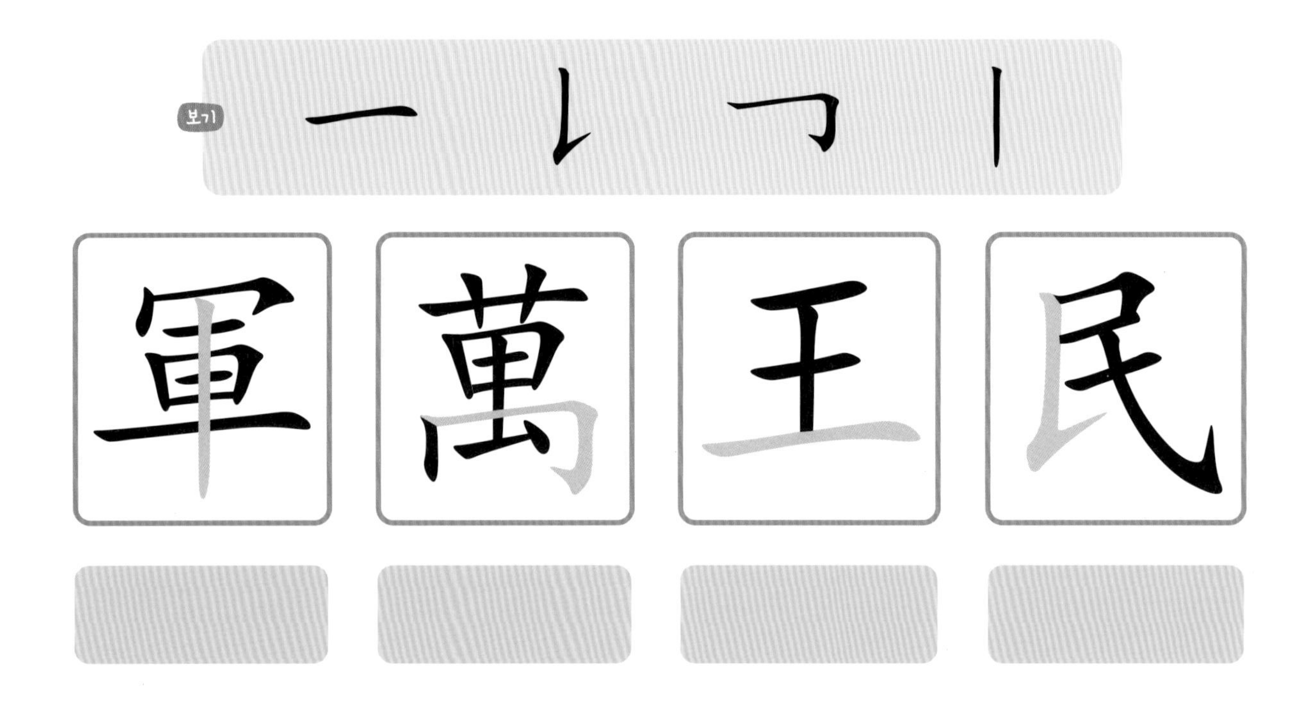

2 다음 한자 어원과 관련 있는 글자를 찾아 연결하세요.

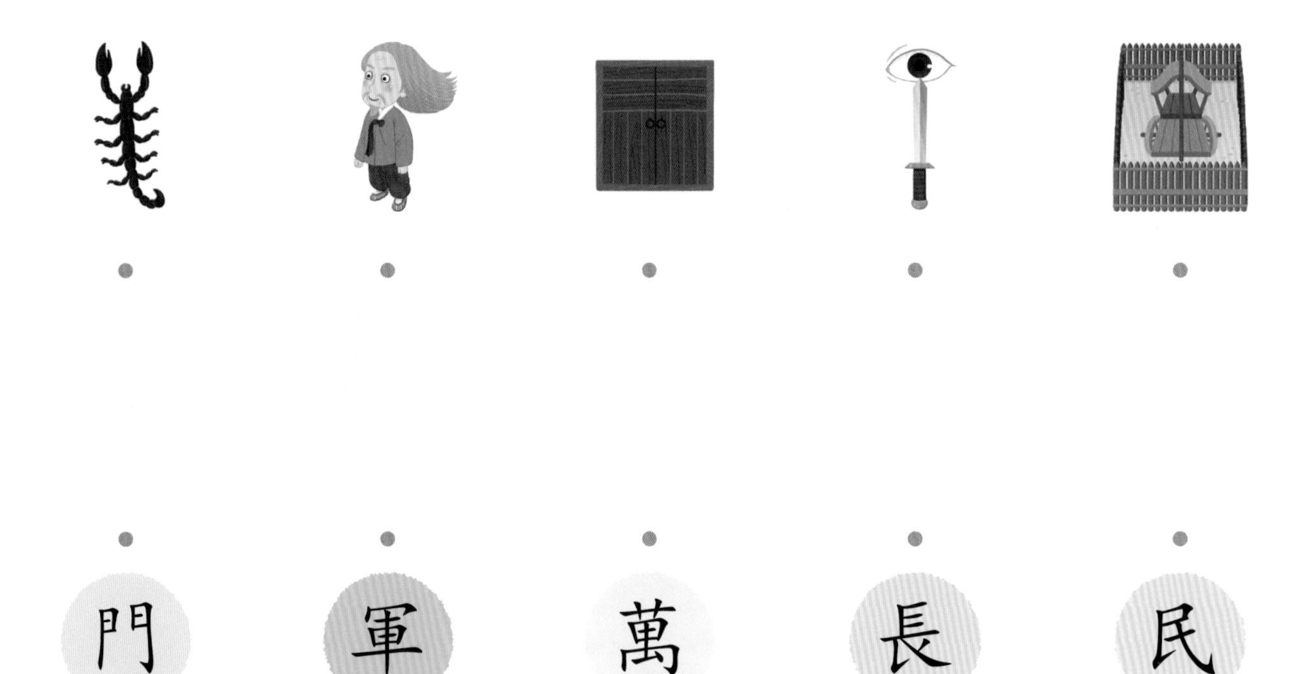

3 보물을 찾을 수 있는 한자는 어느 것일까요? 알맞은 답에 ○ 표 하세요.

4 야구 방망이가 점점 길어져요. 그림이 표현하는 것과 관계 있는 한자를 찾아 ○ 표 하세요.

한국어문회 기출 · 예상문제

1 다음 한자의 독음(읽는 소리)을 쓰세요.

01 軍 인들이 손발을 맞추어 행진합니다. ☐

02 삼일절에는 국기를 게양하여 民 족 정신을 기억합니다. ☐

2 다음 밑줄 친 말에 해당하는 한자를 보기 에서 찾아 번호를 쓰세요.

보기 ❶ 民 ❷ 軍 ❸ 王 ❹ 長

01 임금님의 곤룡포를 입고 기념사진을 찍었습니다. ☐

02 영희는 머리를 길게 길렀습니다. ☐

3 다음 한자의 훈(뜻)과 음(소리)을 쓰세요.

01 萬 훈 ________ 음 ________

02 門 훈 ________ 음 ________

4 다음 한자의 진하게 표시한 획은 몇 번째 쓰는지 보기 에서 찾아 번호를 쓰세요.

보기
❶ 첫 번째 ❷ 두 번째 ❸ 세 번째 ❹ 네 번째 ❺ 다섯 번째
❻ 여섯 번째 ❼ 일곱 번째 ❽ 여덟 번째 ❾ 아홉 번째 ❿ 열 번째

01 軍 ☐

02 萬 ☐

한자교육진흥회 기출 · 예상문제

정답 p.127

1 다음 한자를 바르게 읽은 것을 보기 에서 찾아 번호를 쓰세요.

보기 ❶ 장 ❷ 군 ❸ 왕 ❹ 만

01 조선의 4대 임금은 세종대 王 입니다. 

02 10월 1일은 국 軍 의 날입니다.

2 다음 안의 뜻을 가진 한자를 보기 에서 찾아 번호를 쓰세요.

보기 ❶ 民 ❷ 門 ❸ 年 ❹ 長 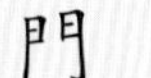

01 세계에서 가장 긴 성벽은 중국의 만리장성입니다.

02 창 문 너머로 푸른 바다가 보입니다. 

3 한자의 훈(뜻)과 음(소리)을 보기 와 같이 한글로 쓰세요.

보기 一 → 한 일

01 萬 → ______

02 民 → ______

9 軍 萬 門 長 王 民

진흥회 속 교과서 한자

工夫	工	부수	夫	부수
		工		大
		획수		획수
	장인 공	3	지아비 부	4

학문이나 기술을 배우고 익힘.

工 夫

內容	內	부수	容	부수
		入		宀
		획수		획수
	안 내	4	얼굴 용	10

그릇이나 포장 따위의 안에 든 것. 사물의 속내를 이루는 것.

動物	動	부수	物	부수
		力		牛
		획수		획수
	움직일 동	11	물건 물	8

사람을 제외한 길짐승, 날짐승, 물짐승 따위를 통틀어 이르는 말.

動 物

文章	文	부수	章	부수
		文		立
		획수		획수
	글월 문	4	글 장	11

생각이나 감정을 말과 글로 표현할 때 완결된 내용을 나타내는 최소 단위.

文 章

事物	事	부수	物	부수
		亅		牛
		획수		획수
	일 사	8	물건 물	8

일과 물건을 아울러 이르는 말.

生活	生	부수	活	부수
		生		氵
		획수		획수
	날 생	5	살 활	9

사람이나 동물이 일정한 환경에서 활동하며 살아감.

生	活

先生	先	부수	生	부수
		儿		生
		획수		획수
	먼저 선	6	날 생	5

학생을 가르치는 사람. 성(姓)이나 직함 따위에 붙여 남을 높여 이르는 말.

先	生

植物	植	부수	物	부수
		木		牛
		획수		획수
	심을 식	12	물건 물	8

생물 중에서 동물과 구별되는 한 일군.

植	物

意見	意	부수	見	부수
		心		見
		획수		획수
	뜻 의	13	볼 견	7

어떤 대상에 대하여 가지는 생각.

意	見

人物	人	부수	物	부수
		人		牛
		획수		획수
	사람 인	2	물건 물	8

'사람'을 대상으로 여겨 이르는말. 생김새나 됨됨이로 본 사람.

진흥회 속 교과서 한자

注意	注	부수	意	부수
		氵		心
		획수		획수
	부을 주	8	뜻 의	13

마음에 새겨 두고 조심함. 어떤 한 곳이나 일에 관심을 집중하여 기울임.

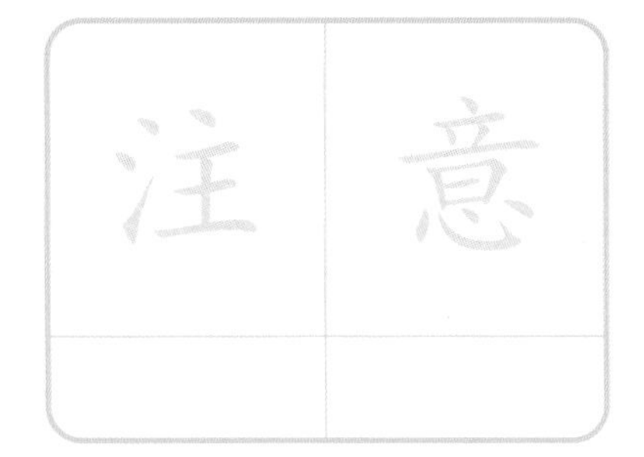

親舊	親	부수	舊	부수
		見		臼
		획수		획수
	친할 친	16	예 구	18

가깝게 오래 사귄 사람.

親 舊

學校	學	부수	校	부수
		子		木
		획수		획수
	배울 학	16	학교 교	10

교사가 학생에게 교육을 실시하는 기관.

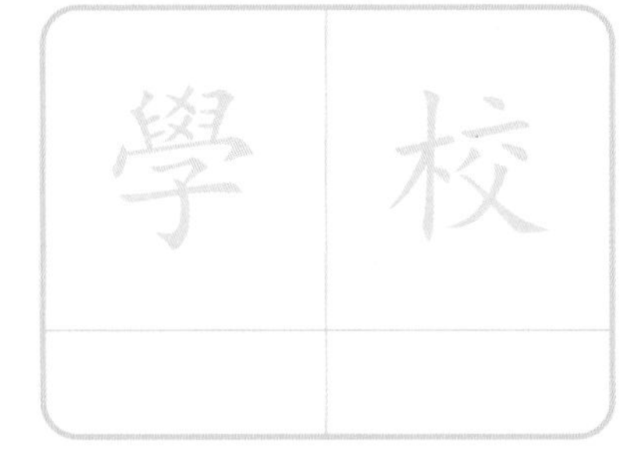

정답

연습문제와 모의고사 정답이 모두 들어있어요.

문제를 잘 풀었는지 확인해보아요.

정답

1단계

一 二 p.11

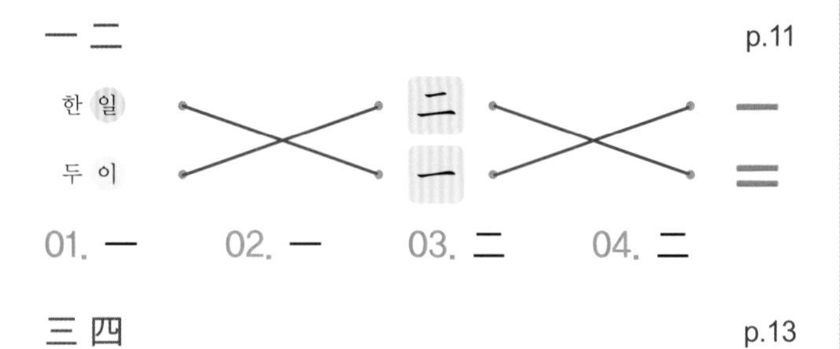

01. 一 02. 一 03. 二 04. 二

三 四 p.13

01. 三 02. 四 03. 四 04. 三

五 寸 p.15

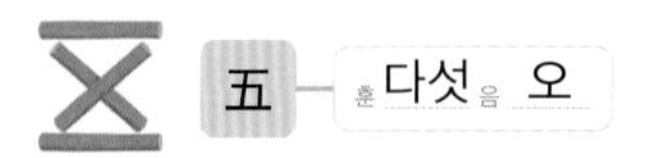

寸 훈 마디 음 촌

01. 五 02. 五 03. 寸 04. 寸

연습문제 p.16

1

五 一 三 四

2

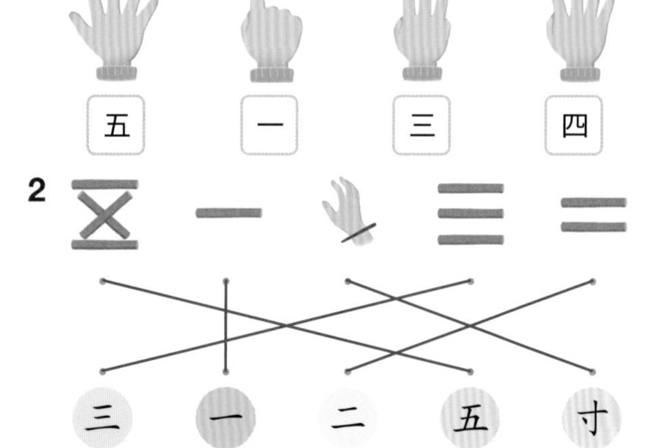

3

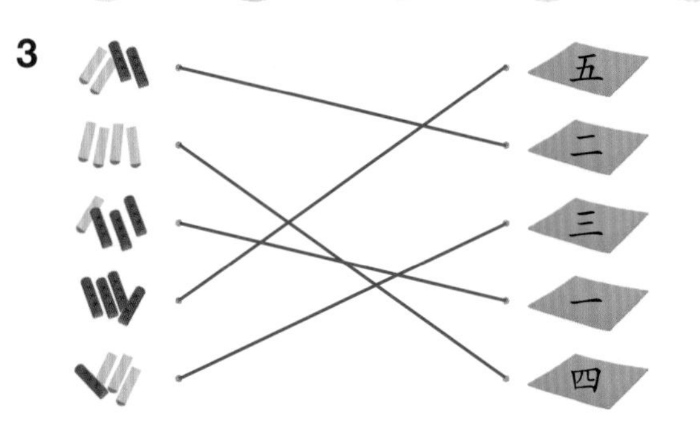

4

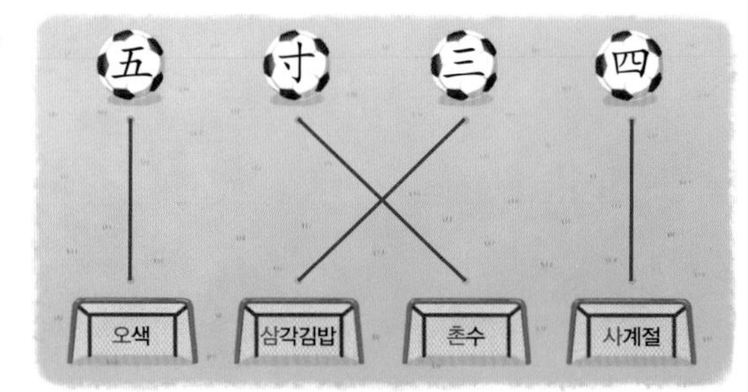

기출 · 예상문제 p.18

한국어문회

1 01. 삼 02. 일
2 01. ④ 02. ③
3 01. 두 이 02. 마디 촌
4 01. ④ 02. ②

한자교육진흥회

1 01. ① 02. ④
2 01. ④ 02. ①
3 01. 넉 사 02. 두 이

2단계

六 七 p.23

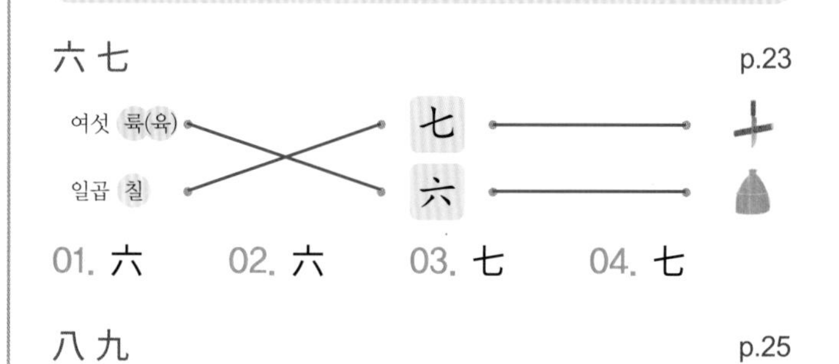

01. 六 02. 六 03. 七 04. 七

八 九 p.25

01. 八 02. 九 03. 九 04. 八

十 年 p.27

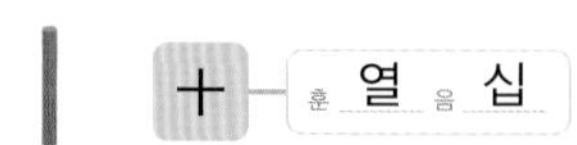

01. 年　02. 十　03. 年　04. 十

연습문제

p.28

1

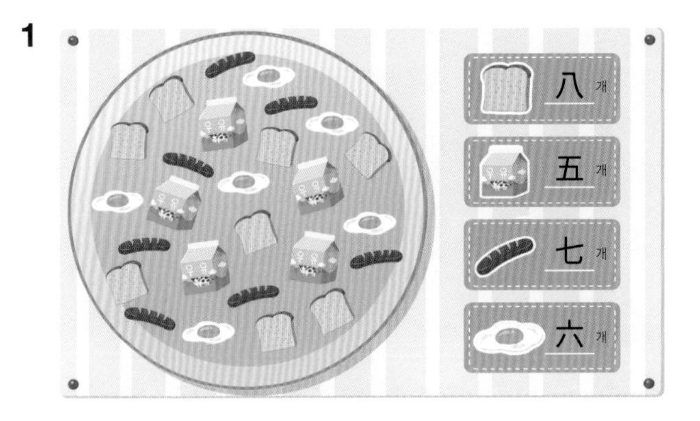

2

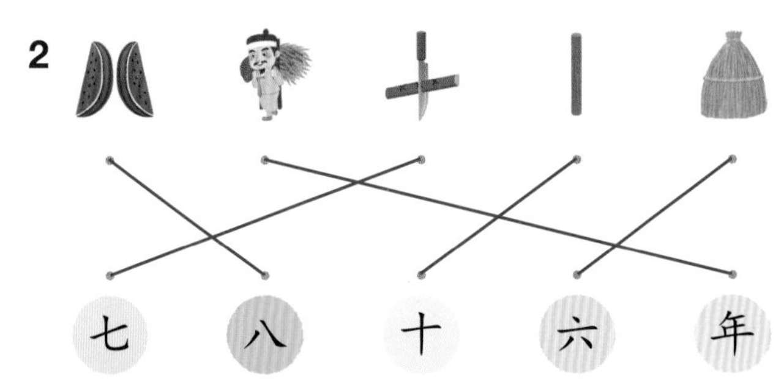

3

4

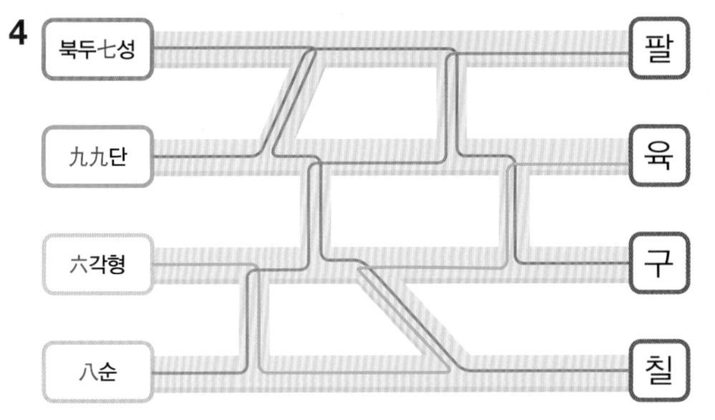

기출 · 예상문제

p.30

한국어문회

1　01. 팔　02. 년
2　01. ①　02. ③
3　01. 열 십　02. 아홉 구
4　01. ②　02. ④

한자교육진흥회

1　01. ①　02. ④
2　01. ④　02. ③
3　01. 아홉 구　02. 해 년

3단계

父母

p.35

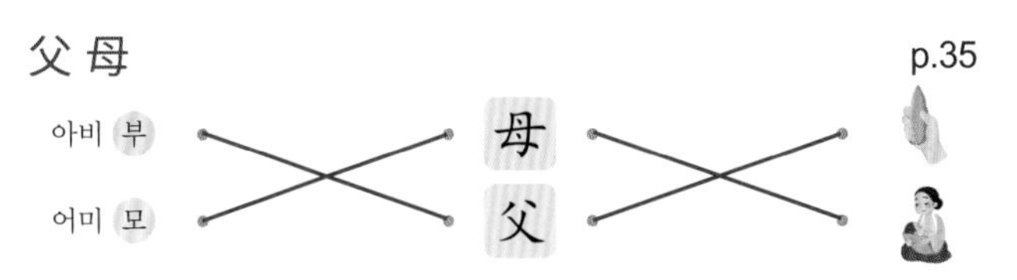

01. 父　02. 父　03. 母　04. 母

兄弟

p.37

兄 弟

01. 兄　02. 弟　03. 弟　04. 兄

子女

p.39

子 — 훈 아들 음 자　女 — 훈 여자 음 녀(여)

01. 子　02. 子　03. 女　04. 女

연습문제

p.40

1

2

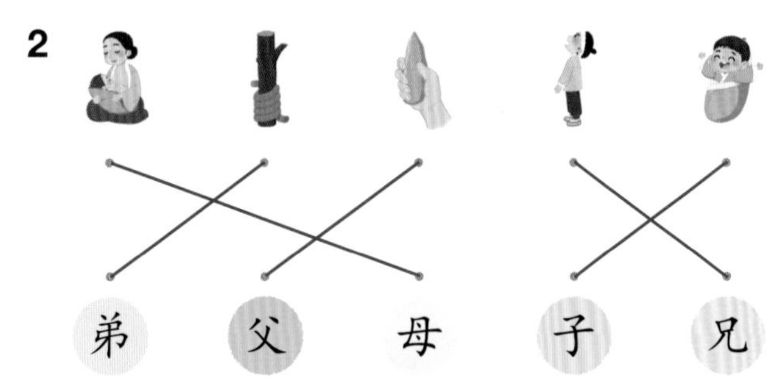

3

4

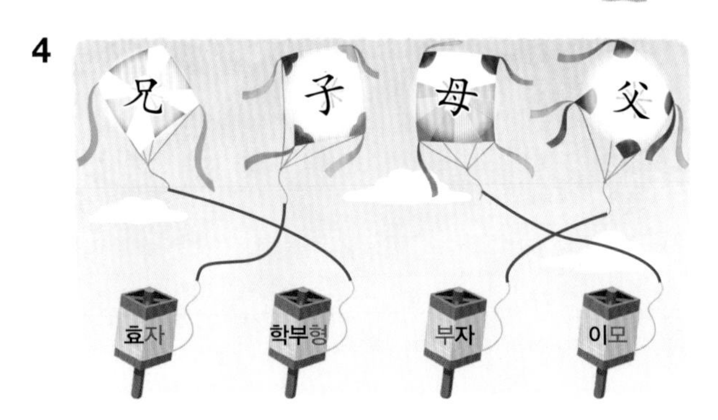

기출 · 예상문제

p.42

한국어문회

1 01. 부 02. 형

2 01. ① 02. ②

3 01. 여자 녀(여) 02. 아들 자

4 01. ⑥ 02. ⑤

한자교육진흥회

1 01. ② 02. ③

2 01. ③ 02. ④

3 01. 아비 부 02. 아들 자

4단계

日 月

p.47

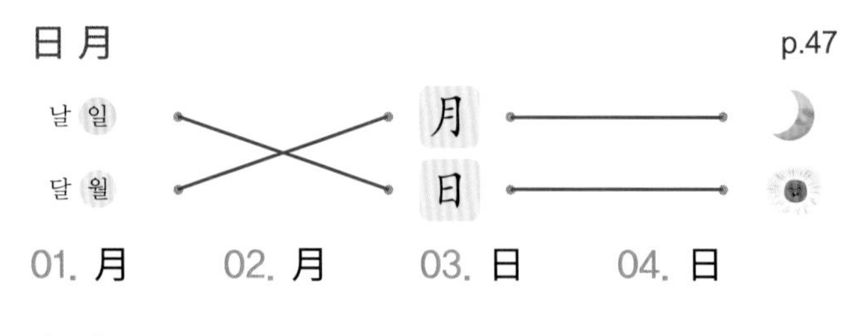

01. 月 02. 月 03. 日 04. 日

青 白

p.49

01. 白 02. 青 03. 青 04. 白

山 人

p.51

山 — 훈 메 음 산

01. 人 02. 山 03. 人 04. 山

연습문제

p.52

1

月

日 山 青 — 月 白

日 山 — 月 白 青

山 — 月 白 青 日

2

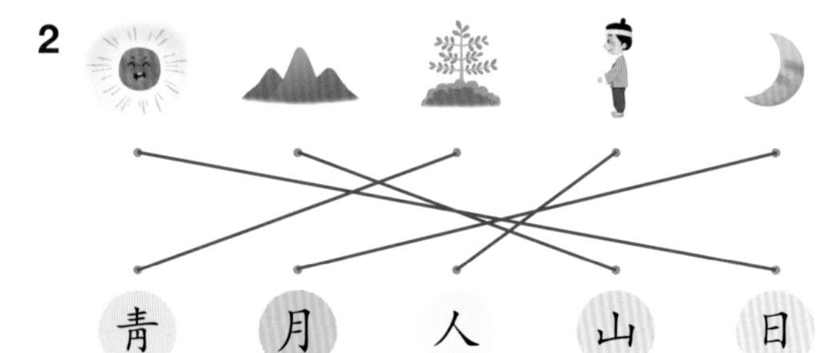

3

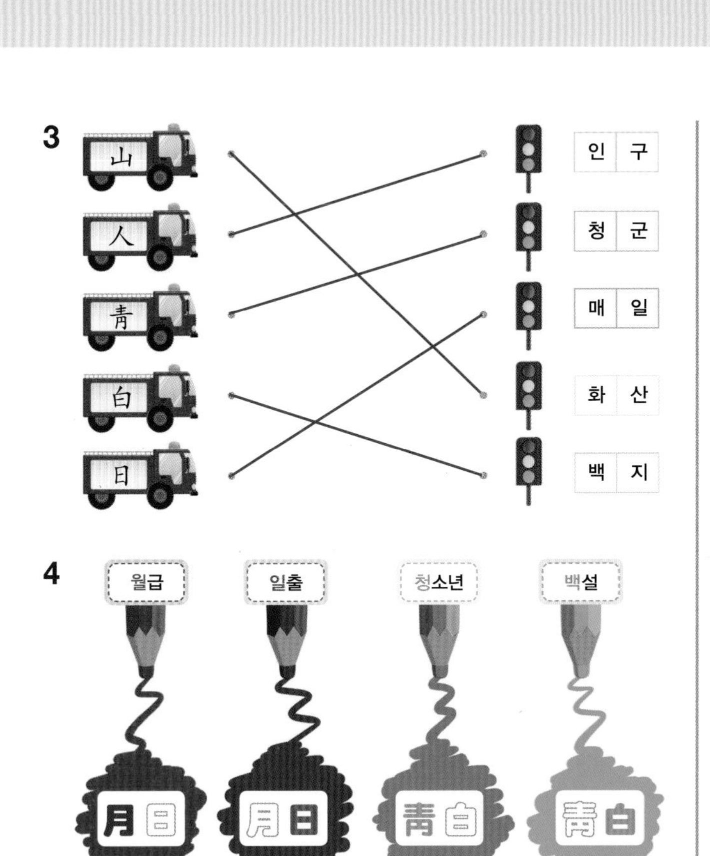

4

기출 · 예상문제

p.54

한국어문회

1 01. 월 02. 일

2 01. ② 02. ③

3 01. 사람 인 02. 메 산

4 01. ⑥ 02. ②

한자교육진흥회

1 01. ④ 02. ③

2 01. ④ 02. ①

3 01. 푸를 청 02. 사람 인

5단계

水 金

p.59

01. 수 02. 금 03. 수 04. 금

火 木

p.61

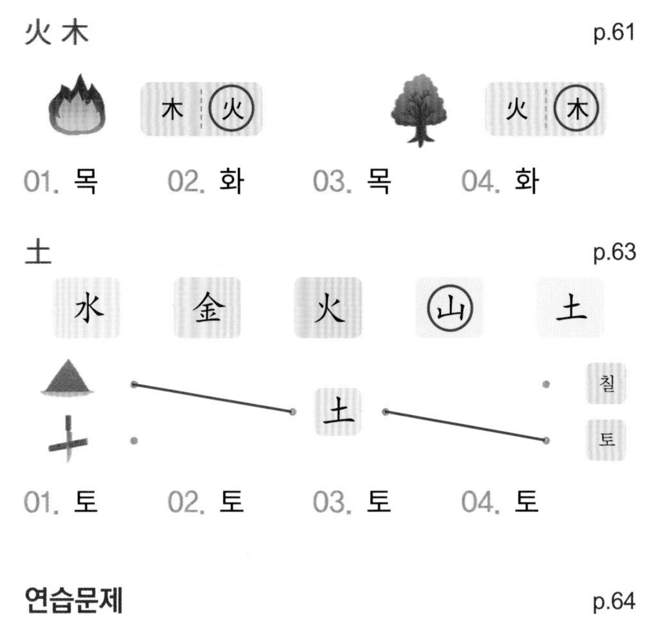

01. 목 02. 화 03. 목 04. 화

土

p.63

01. 토 02. 토 03. 토 04. 토

연습문제

p.64

1

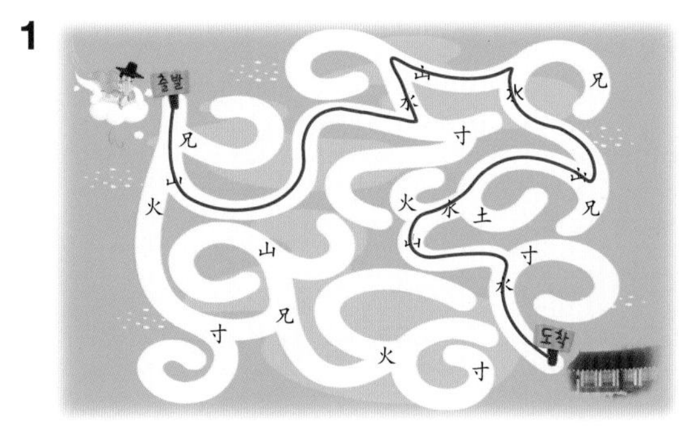

2

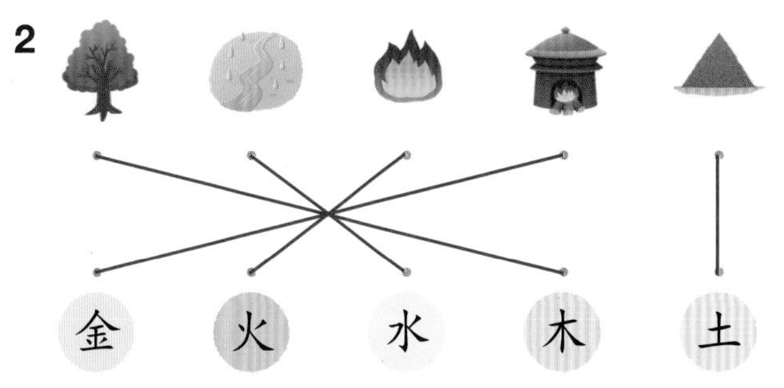

3

4

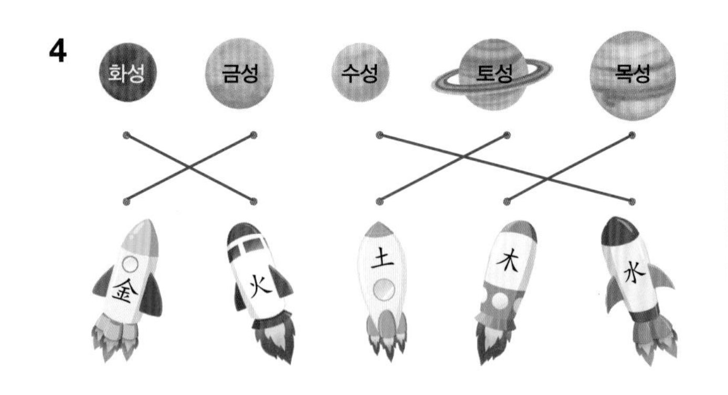

기출 · 예상문제 p.66

한국어문회

1 01. 금 02. 토

2 01. ③ 02. ④

3 01. 나무 목 02. 불 화

4 01. ④ 02. ⑤

한자교육진흥회

1 01. ② 02. ③

2 01. ③ 02. ④

3 01. 쇠 금/성 김 02. 불 화

6단계

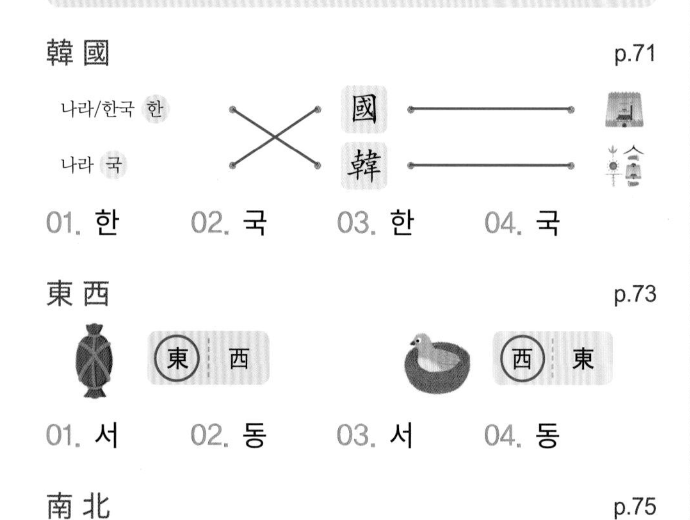

韓 國 p.71

나라/한국 한 / 나라 국 — 國 / 韓

01. 한 02. 국 03. 한 04. 국

東 西 p.73

東 西 / 西 東

01. 서 02. 동 03. 서 04. 동

南 北 p.75

南 — 훈 남녘 음 남 / 北 — 훈 북녘 음 북

01. 북 02. 남 03. 북 04. 남

연습문제 p.76

1

北 東 南 西

2

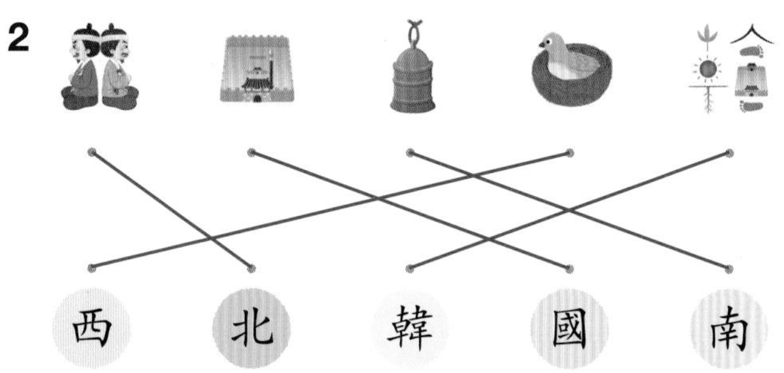

3

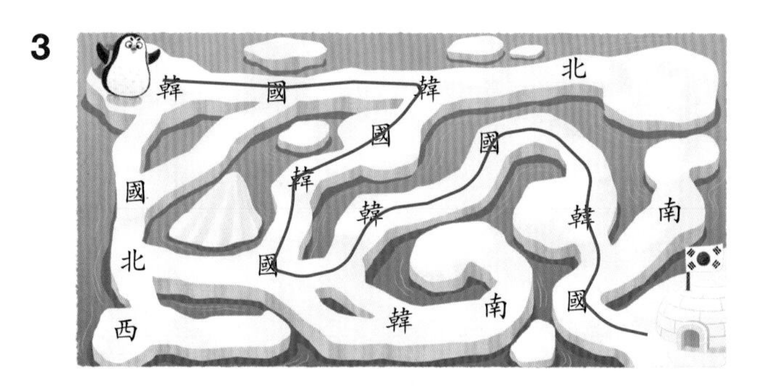

4

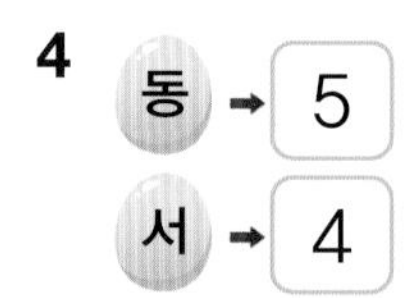

기출 · 예상문제 p.78

한국어문회

1 01. 한 02. 국

2 01. ④ 02. ①

3 01. 남녘 남 02. 서녘 서

4 01. ⑧ 02. ④

한자교육진흥회

1 01. ③ 02. ①

2 01. ② 02. ④
3 01. 남녘 남 02. 나라 국

7단계

學 校 p.83

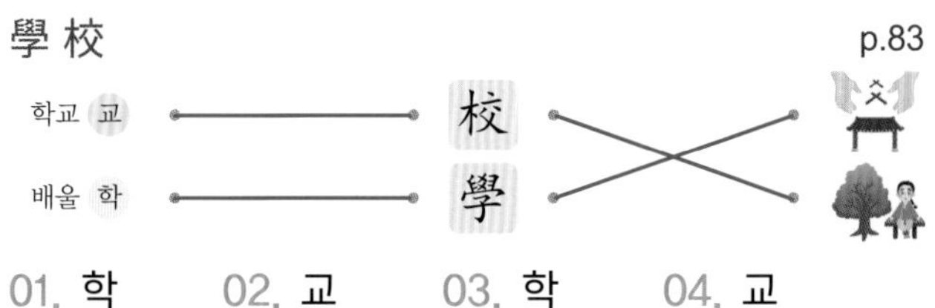

01. 학 02. 교 03. 학 04. 교

教 室 p.85

01. 실 02. 교 03. 교 04. 실

先 生 p.87

01. 생 02. 생 03. 선 04. 선

연습문제 p.88

1

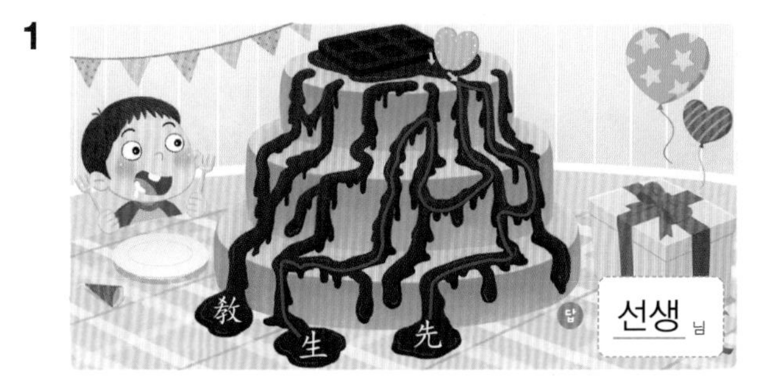

2

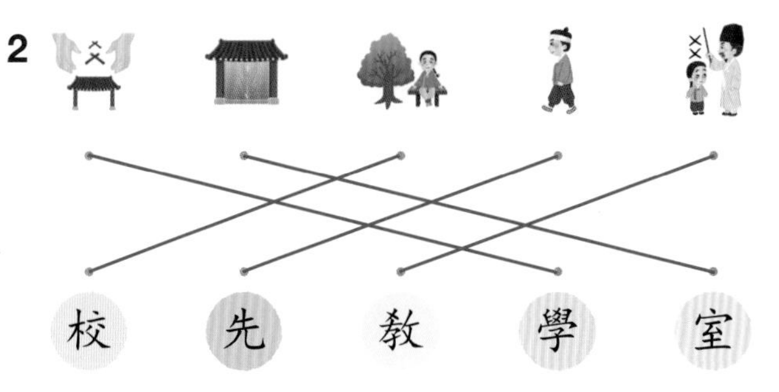

3

4

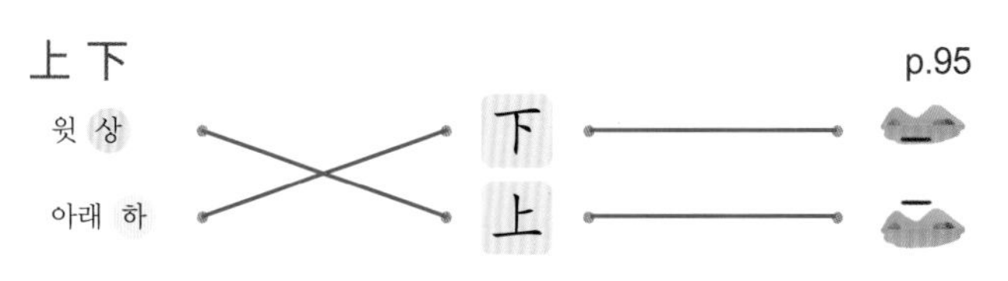

기출 · 예상문제 p.90

한국어문회

1 01. 학 02. 교
2 01. ④ 02. ②
3 01. 날 생 02. 먼저 선
4 01. ⑧ 02. ⑥

한자교육진흥회

1 01. ① 02. ④
2 01. ② 02. ④
3 01. 학교 교 02. 집 실

8단계

上 下 p.95

윗 상 — 下
아래 하 — 上

01. 하 02. 상 03. 상 04. 하

大 小 p.97

01. 소 02. 대 03. 소 04. 대

정답

中外 p.99

01. 중　　02. 외　　03. 중　　04. 외

연습문제 p.100

1

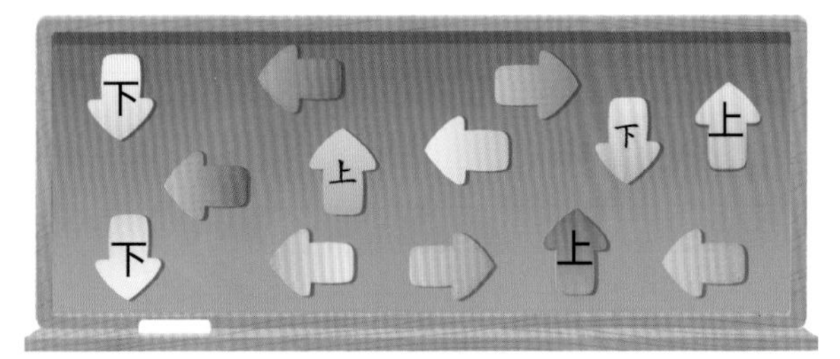

2

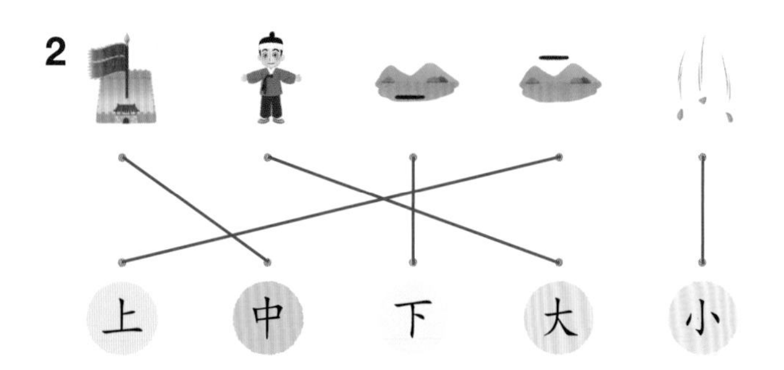

3 中

4

기출 · 예상문제 p.102

한국어문회

1 01. 대　　02. 하

2 01. ②　　02. ①

3 01. 윗 상　　02. 바깥 외

4 01. ④　　02. ①

한자교육진흥회

1 01. ②　　02. ④

2 01. ①　　02. ④

3 01. 큰 대　　02. 윗 상

9단계

軍萬 p.107

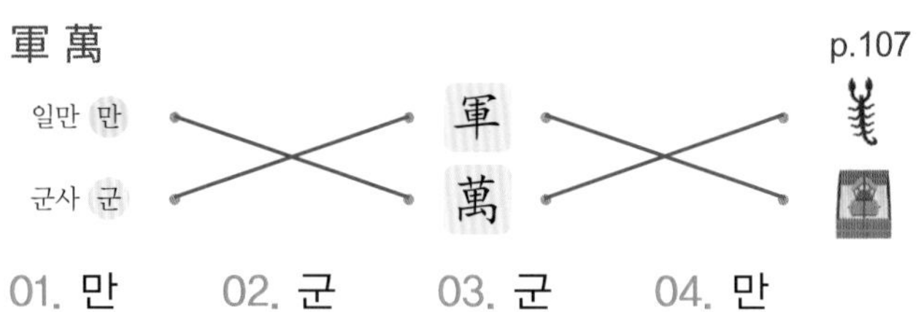

01. 만　　02. 군　　03. 군　　04. 만

門長 p.109

門 長

01. 문　　02. 장　　03. 문　　04. 장

王民 p.111

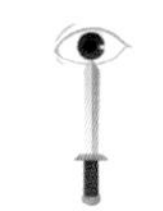

民 훈 백성 음 민

01. 민　　02. 왕　　03. 민　　04. 왕

연습문제 p.112

1

軍	萬	王	民
아홉 번째	열 번째	네 번째	세 번째

2

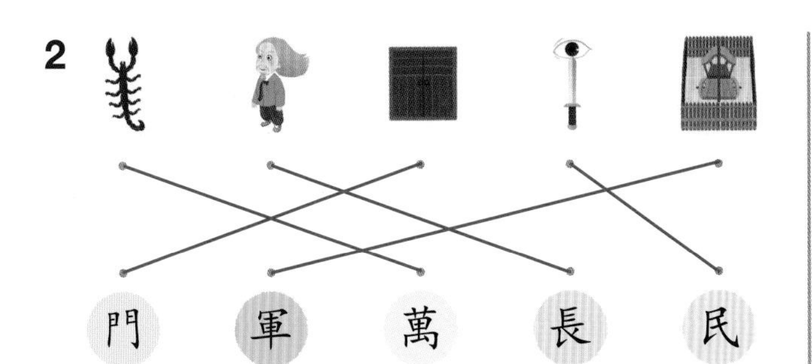

3

4

長

民

기출 · 예상문제 p.114

한국어문회

1	01. 군	02. 민
2	01. ③	02. ④
3	01. 일만 만	02. 문 문
4	01. ⑨	02. ⑧

한자교육진흥회

1	01. ③	02. ②
2	01. ④	02. ②
3	01. 일만 만	02. 백성 민

한국어문회 8급 모의고사 제1회 정답

1	부	11	⑥	21	⑧	31	군사 군	41	②
2	모	12	③	22	③	32	푸를 청	42	③
3	형	13	⑤	23	⑦	33	배울 학	43	④
4	토	14	⑦	24	⑤	34	나라/한국 한	44	①
5	일	15	⑩	25	⑨	35	다섯 오	45	②
6	남	16	①	26	①	36	서녘 서	46	④
7	대	17	⑨	27	⑥	37	작을 소	47	③
8	문	18	②	28	②	38	일만 만	48	①
9	외	19	④	29	⑩	39	동녘 동	49	⑦
10	국	20	⑧	30	④	40	백성 민	50	①

한국어문회 8급 모의고사 제2회 정답

1	형	11	⑦	21	②	31	메 산	41	③
2	삼	12	④	22	③	32	동녘 동	42	②
3	월	13	⑧	23	⑤	33	불 화	43	④
4	중	14	②	24	①	34	나라/한국 한	44	①
5	교	15	⑤	25	⑧	35	여자 녀(여)	45	④
6	학	16	⑩	26	④	36	나라 국	46	①
7	일	17	①	27	⑥	37	푸를 청	47	③
8	교	18	⑨	28	⑦	38	나무 목	48	②
9	실	19	⑥	29	⑩	39	흰 백	49	②
10	사	20	③	30	⑨	40	여덟 팔	50	⑩

한국어문회 8급 모의고사 제3회 정답

1	촌	11	③	21	⑧	31	백성 민	41	②
2	년	12	⑧	22	⑩	32	한국/나라 한	42	③
3	월	13	④	23	①	33	아홉 구	43	①
4	대	14	②	24	④	34	작을 소	44	④
5	학	15	⑩	25	⑨	35	쇠 금/성 김	45	④
6	사	16	①	26	⑥	36	가르칠 교	46	②
7	군	17	⑦	27	③	37	형 형	47	③
8	토	18	⑤	28	②	38	북녘 북/달아날 배	48	①
9	부	19	⑨	29	⑦	39	일곱 칠	49	④
10	모	20	⑥	30	⑤	40	두 이	50	④

모의고사 정답

한자교육진흥회 8급 모의고사 제1회 정답

1	③	11	④	21	⑤	31	두 이	41	부녀
2	④	12	①	22	⑧	32	나무 목	42	하수
3	④	13	③	23	①	33	아래 하	43	십구
4	④	14	②	24	④	34	여덟 팔	44	토목
5	②	15	③	25	⑦	35	아들 자	45	선생
6	①	16	②	26	⑨	36	여자 녀(여)	46	친구
7	②	17	③	27	⑩	37	임금 왕	47	동물
8	③	18	①	28	②	38	입 구	48	학교
9	②	19	②	29	⑥	39	다섯 오	49	주의
10	④	20	④	30	③	40	작을 소	50	문장

한자교육진흥회 8급 모의고사 제2회 정답

1	①	11	②	21	⑧	31	아래 하	41	화산
2	③	12	①	22	④	32	아들 자	42	백인
3	①	13	②	23	②	33	입 구	43	수문
4	④	14	④	24	⑩	34	작을 소	44	자녀
5	②	15	③	25	③	35	일곱 칠	45	공부
6	③	16	③	26	⑥	36	여자 녀(여)	46	생활
7	③	17	②	27	⑦	37	흰 백	47	식물
8	②	18	③	28	⑨	38	어미 모	48	내용
9	④	19	②	29	①	39	아홉 구	49	사물
10	②	20	④	30	⑤	40	다섯 오	50	의견

한자교육진흥회 8급 모의고사 제3회 정답

1	①	11	②	21	⑤	31	석 삼	41	소자
2	④	12	③	22	④	32	문 문	42	상수
3	②	13	①	23	⑧	33	입 구	43	모녀
4	②	14	④	24	⑩	34	여섯 륙(육)	44	화구
5	③	15	②	25	⑥	35	나무 목	45	생활
6	④	16	③	26	①	36	가운데 중	46	인물
7	①	17	①	27	⑦	37	윗 상	47	내용
8	③	18	④	28	②	38	아비 부	48	의견
9	②	19	②	29	③	39	넉 사	49	주의
10	③	20	④	30	⑨	40	날 일	50	문장

저자소개

허은지

명지대학교 중어중문학과 박사 수료
상상한자중국어연구소 대표
명지대 미래교육원 중국어 과정 지도교수
마포고, 세화고, 화곡중 출강
<하오빵어린이중국어 발음편> 시사중국어사, 공저
<쑥쑥 급수한자 8급 · 7급 · 6급 상하 · 준5급 상하> 제이플러스, 공저

박진미

성균관대학교 중어중문학과 졸업
성균관대학교 교육대학원 중국어교육 석사
상상한자중국어연구소 대표 강사
성균관쑥쑥한자교습소 원장
학동초 방과후학교 한자 강사
<8822 HSK 어휘 갑을병정 전3권> 다락원, 공동편역
<꼬치꼬치 HSK 듣기/어법> YBM시사, 공저
<쑥쑥 급수한자 8급 · 7급 · 6급 상하 · 준5급 상하> 제이플러스, 공저

윤혜정

선문대학교 한중통번역대학원 석사 수료
상상한자중국어연구소 대표 강사
와우윤샘한자중국어공부방 운영
다솔초, 갈천초 방과후학교 한자 강사
<쑥쑥 급수한자 8급 · 7급 · 6급 상하 · 준5급 상하> 제이플러스, 공저

4쇄 발행 2024년 5월 20일

저자 허은지 · 박진미 · 윤혜정
발행인 이기선
발행처 제이플러스
삽화 김효지
등록번호 제10-1680호
등록일자 1998년 12월 9일
주소 경기도 고양시 덕양구 향동로 217 KA1312
구입문의 02-332-8320
팩스 02-332-8321
홈페이지 www.jplus114.com
ISBN 979-11-5601-172-9(63720)

Memo

Memo

한자 능력 검정시험 모의고사

· 한국어문회 8급 모의고사 1회
· 한국어문회 8급 모의고사 2회
· 한국어문회 8급 모의고사 3회

· 한자교육진흥회 8급 모의고사 1회
· 한자교육진흥회 8급 모의고사 2회
· 한자교육진흥회 8급 모의고사 3회

* 한국어문회형 3회, 한자교육진흥회형 3회 총 6회의 모의고사 문제입니다.
정답지는 표시선을 따라 잘라서 준비해 주세요.

▶ 정답 p.128~p.131

제1회

8級

50문항 / 50분 시험

*성명과 수험번호를 쓰고 문제지와 답안지는 함께 제출하세요.

성명 (　　　　　　)　　**수험번호** □□□ - □□ - □□□□

[문제 1-10] 다음 글의 (　　)안에 있는 漢字한자의 讀音(독음:읽는 소리)을 쓰세요.

보기

音 → 음

[1] 나는 (父)

[2] (母)님과

[3] (兄)과 함께

[4] 지난주 (土)요

[5] (日)에

[6] (南)

[7] (大)

[8] (門) 시장에 갔습니다.

[9] 연휴를 맞아 놀러 온 (外)

[10] (國) 관광객이 많았습니다.

[문제 11-20] 다음 훈(訓:뜻)이나 음(音:소리)에 알맞은 漢字한자를 〈보기〉에서 찾아 그 번호를 쓰세요.

보기

① 中　② 八　③ 青　④ 土　⑤ 弟
⑥ 九　⑦ 王　⑧ 木　⑨ 寸　⑩ 六

[11] 아홉

[12] 청

[13] 아우

[14] 임금님

[15] 여섯

[16] 가운데

[17] 촌

[18] 여덟

[19] 흙

[20] 나무

[문제 21-30] 다음 밑줄 친 말에 해당하는 漢字한자를 〈보기〉에서 찾아 그 번호를 쓰세요.

보기

① 生 ② 長 ③ 四 ④ 金 ⑤ 水
⑥ 北 ⑦ 十 ⑧ 白 ⑨ 火 ⑩ 室

[21] 나무가 바람에 흔들려 흰 꽃잎이 날립니다.

[22] 이번 학기 회장 후보는 모두 네 명입니다.

[23] 사과가 열 개에 만원입니다.

[24] 물이 팔팔 끓고 있습니다.

[25] 장난을 하다가 산에 큰 불을 낼 뻔했습니다.

[26] 아기가 태어난 지 백일이 되었습니다.

[27] 북쪽 하늘에 비구름이 잔뜩 떠 있습니다.

[28] 사람들이 길게 줄을 서 있습니다.

[29] 코로나바이러스 때문에 계속 집에서만 지내고 있습니다.

[30] 쇠 구슬이 자석에 달라붙었습니다.

[문제 31-40] 다음 漢字한자의 훈(訓:뜻)과 음(音:소리)을 쓰세요.

보기

天 → 하늘 천

[31] 軍

[32] 靑

[33] 學

[34] 韓

[35] 五

[36] 西

[37] 小

[38] 萬

[39] 東

[40] 民

[문제 41-44] 다음 漢字한자의 훈(訓:뜻)을 〈보기〉에서 찾아 그 번호를 쓰세요.

보기

① 배우다 ② 학교 ③ 먼저 ④ 마디

[41] 校

[42] 先

[43] 寸

[44] 學

[문제 45-48] 다음 漢字한자의 음(音:소리)을 <보기>에서 찾아 그 번호를 쓰세요.

보기

① 칠 ② 만 ③ 교 ④ 녀

[45] 萬

[46] 女

[47] 敎

[48] 七

[문제 49-50] 다음 漢字한자의 진하게 표시한 획은 몇 번째 쓰는지 <보기>에서 찾아 그 번호를 쓰세요.

보기

① 첫 번째	② 두 번째
③ 세 번째	④ 네 번째
⑤ 다섯 번째	⑥ 여섯 번째
⑦ 일곱 번째	⑧ 여덟 번째
⑨ 아홉 번째	⑩ 열 번째

[49] 室

[50] 

♣ 수고하셨습니다.

제2회

8級

50문항 / 50분 시험

*성명과 수험번호를 쓰고 문제지와 답안지는 함께 제출하세요.

성명 (   )   수험번호 □□□ - □□ - □□□□

[문제 1-10] 다음 글의 (   )안에 있는 漢字한자의 讀音(독음:읽는 소리)를 쓰세요.

보기

音 → 음

[1] 제 (兄)은

[2] 올해 (三)

[3] (月)에

[4] (中)

[5] 학(校)에

[6] 입(學)합니다.

[7] (一)학년

[8] (敎)

[9] (室)은

[10] (四)층에 있습니다.

[문제 11-20] 다음 훈(訓:뜻)이나 음(音:소리)에 알맞은 漢字한자를 〈보기〉에서 찾아 그 번호를 쓰세요.

보기

① 門 ② 人 ③ 寸 ④ 金 ⑤ 弟
⑥ 父 ⑦ 七 ⑧ 日 ⑨ 九 ⑩ 軍

[11] 일곱

[12] 금

[13] 날

[14] 사람

[15] 제

[16] 군사

[17] 문

[18] 아홉

[19] 부

[20] 마디

[문제 21-30] 다음 밑줄 친 말에 해당하는 漢字한자를 〈보기〉에서 찾아 그 번호를 쓰세요.

보기

① 西 ② 五 ③ 外 ④ 土 ⑤ 水
⑥ 生 ⑦ 先 ⑧ 六 ⑨ 母 ⑩ 小

[21] 고양이가 새끼를 다섯 마리나 낳았습니다.

[22] 지금 바깥에는 비가 내립니다.

[23] 목이 말라 물을 두 잔이나 마셨습니다.

[24] 해가 지는 쪽은 서쪽입니다.

[25] 교실에 여섯 명의 학생이 앉아있습니다.

[26] 신발 바닥에 묻은 흙을 털었습니다.

[27] 나는 바다가 보이는 마을에서 태어났습니다.

[28] 배가 고파서 먼저 밥을 먹었습니다.

[29] 마을 입구에 작은 나무들이 많이 있습니다.

[30] 어머니가 맛있는 간식을 만들어주셨습니다.

[문제 31-40] 다음 漢字한자의 훈(訓:뜻)과 음(音:소리)을 쓰세요.

보기

天 → 하늘 천

[31] 山

[32] 東

[33] 火

[34] 韓

[35] 女

[36] 國

[37] 靑

[38] 木

[39] 白

[40] 八

[문제 41-44] 다음 漢字한자의 훈(訓:뜻)을 〈보기〉에서 찾아 그 번호를 쓰세요.

보기

① 백성 ② 열 ③ 북녘 ④ 일만

[41] 北

[42] 十

[43] 萬

[44] 民

[문제 45-48] 다음 漢字한자의 음(音:소리)을 <보기>에서 찾아 그 번호를 쓰세요.

보기

① 년 ② 남 ③ 왕 ④ 이

[45] 二

[46] 年

[47] 王

[48] 南

[문제 49-50] 다음 漢字한자의 진하게 표시한 획은 몇 번째 쓰는지 <보기>에서 찾아 그 번호를 쓰세요.

보기

① 첫 번째	② 두 번째
③ 세 번째	④ 네 번째
⑤ 다섯 번째	⑥ 여섯 번째
⑦ 일곱 번째	⑧ 여덟 번째
⑨ 아홉 번째	⑩ 열 번째

[49] 

[50] 

♣ 수고하셨습니다.

제3회

8級

50문항 / 50분 시험

*성명과 수험번호를 쓰고 문제지와 답안지는 함께 제출하세요.

성명 (　　　　　)　　수험번호 □□□ - □□ - □□□□

[문제 1-10] 다음 글의 (　　)안에 있는 漢字한자의 讀音(독음:읽는 소리)을 쓰세요.

보기

音 → 음

[1] 삼(寸)은

[2] 작(年)

[3] 삼(月)에

[4] (大)학교에

[5] 입(學)했고

[6] 올해 (四)월에는

[7] (軍)에 입대하였습니다.

[8] 나는 이번 주 (土)요일에

[9] (父)

[10] (母)님과 면회를 갑니다.

[문제 11-20] 다음 훈(訓:뜻)이나 음(音:소리)에 알맞은 漢字한자를 〈보기〉에서 찾아 그 번호를 쓰세요.

보기

① 白　② 南　③ 弟　④ 日　⑤ 外
⑥ 木　⑦ 山　⑧ 萬　⑨ 五　⑩ 先

[11] 아우

[12] 만

[13] 날

[14] 남녘

[15] 먼저

[16] 백

[17] 메

[18] 바깥

[19] 다섯

[20] 나무

[문제 21-30] 다음 밑줄 친 말에 해당하는 漢字한자를 〈보기〉에서 찾아 그 번호를 쓰세요.

보기

① 東 ② 國 ③ 王 ④ 八 ⑤ 火
⑥ 室 ⑦ 青 ⑧ 女 ⑨ 中 ⑩ 長

[21] 노란 우산을 쓴 여자아이가 건널목을 건너고 있습니다.

[22] 산에 갈 때는 긴팔 옷을 입는 것이 좋습니다.

[23] 우리나라 동쪽 끝에 독도가 있습니다.

[24] 이번 대회 참가자는 모두 여덟 명입니다.

[25] 들판 가운데로 냇물이 흐릅니다.

[26] 어머니가 장 보러 간 사이 동생과 집을 보고 있습니다.

[27] 이곳은 옛날 임금이 살던 궁궐입니다.

[28] 우리나라는 남북으로 나뉘어 있습니다.

[29] 뭉게구름이 푸른 하늘에 떠 있습니다.

[30] 마른 나뭇가지에 불을 피웠습니다.

[문제 31-40] 다음 漢字한자의 훈(訓:뜻)과 음(音:소리)을 쓰세요.

보기

天 → 하늘 천

[31] 民

[32] 韓

[33] 九

[34] 小

[35] 金

[36] 教

[37] 兄

[38] 北

[39] 七

[40] 二

[문제 41-44] 다음 漢字한자의 훈(訓:뜻)을 〈보기〉에서 찾아 그 번호를 쓰세요.

보기
① 서녘 ② 사람 ③ 물 ④ 학교

[41] 人

[42] 水

[43] 西

[44] 校

[문제 45-48] 다음 漢字한자의 음(音:소리)을 <보기>에서 찾아 그 번호를 쓰세요.

보기
① 육 ② 문 ③ 생 ④ 십

[45] 十

[46] 門

[47] 生

[48] 六

[문제 49-50] 다음 漢字한자의 진하게 표시한 획은 몇 번째 쓰는지 <보기>에서 찾아 그 번호를 쓰세요.

보기
① 첫 번째 ② 두 번째
③ 세 번째 ④ 네 번째
⑤ 다섯 번째 ⑥ 여섯 번째
⑦ 일곱 번째 ⑧ 여덟 번째
⑨ 아홉 번째 ⑩ 열 번째

[49] 先

[50] 敎

♣ 수고하셨습니다.

50문항 / 60분 시험

한자교육진흥회 [8급] 모의고사 제1회 문제지

객관식 (1~30번)

※ [ ] 안의 뜻에 맞는 한자를 찾아 번호를 쓰세요.

1. [일곱]

① 三 ② 五 ③ 七 ④ 山 ( )

2. [불]

① 木 ② 子 ③ 水 ④ 火 ( )

3. [희다]

① 日 ② 二 ③ 月 ④ 白 ( )

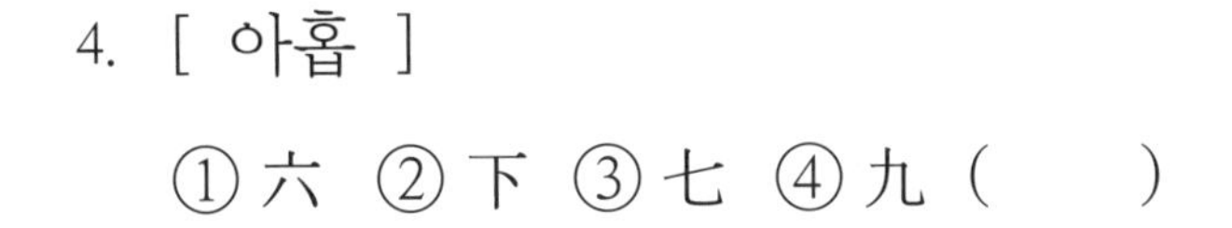

4. [아홉]

① 六 ② 下 ③ 七 ④ 九 ( )

5. [입]

① 日 ② 口 ③ 中 ④ 四 ( )

6. [여자]

① 女 ② 子 ③ 父 ④ 人 ( )

7. [문]

① 四 ② 門 ③ 母 ④ 月 ( )

8. [작다]

① 八 ② 木 ③ 小 ④ 三 ( )

9. [흙]

① 火 ② 土 ③ 三 ④ 一 ( )

10. [임금]

① 十 ② 上 ③ 土 ④ 王 ( )

※ [ ] 안의 한자어를 바르게 읽은 것을 찾아 번호를 쓰세요.

11. [父]모님과 함께 강원도에 다녀왔습니다.

① 형 ② 자 ③ 사 ④ 부 ( )

12. 나는 숫자 중에 [三]을 가장 좋아합니다.

① 삼 ② 구 ③ 이 ④ 칠 ( )

13. 눈이 내려 온 세[上]이 하얗게 변했습니다.

① 백 ② 하 ③ 상 ④ 산 ( )

14. 일요일에 [四]촌 동생이 우리 집에 놀러 왔습니다.

① 문 ② 사 ③ 오 ④ 여 ( )

15. 봄이 되면 온갖 초[木]에 싹이 틉니다.

① 산 ② 수 ③ 목 ④ 왕 ( )

16. 매주 [水]요일마다 한 번씩 대청소를 합니다.
① 화 ② 수 ③ 토 ④ 상 (　　)

17. 내 동생은 올해 [二]학년이 되었습니다.
① 삼 ② 육 ③ 이 ④ 오 (　　)

18. 나는 매일 자기 전에 [日]기를 씁니다.
① 일 ② 소 ③ 중 ④ 월 (　　)

19. 나는 외국[人]에게 길을 가르쳐주었습니다.
① 화 ② 인 ③ 부 ④ 모 (　　)

20. 거실 [中]간에 탁자가 놓여 있습니다.
① 왕 ② 여 ③ 자 ④ 중 (　　)

※ [　] 안의 뜻을 가진 한자를 <보기>에서 찾아 번호를 쓰세요.

보기	① 土 ② 母 ③ 日 ④ 山 ⑤ 十
	⑥ 一 ⑦ 月 ⑧ 中 ⑨ 六 ⑩ 門

21. [열] 번 찍어 안 넘어가는 나무가 없다는 속담이 있습니다. (　　)

22. 저기 [가운데] 서 있는 사람이 우리 형입니다. (　　)

23. [흙] 장난을 한 뒤에는 반드시 손을 씻어야 합니다. (　　)

24. [산]을 오를 때는 등산화를 신어야 합니다. (　　)

25. 우리 가족은 한 [달]에 한 번 씩 봉사 활동을 갑니다. (　　)

26. 동생은 저보다 [여섯] 살 적습니다. (　　)

27. 우리집 [문] 앞에서 고양이 한 마리가 놀고 있습니다. (　　)

28. 주말에 [어머니]와 함께 전통 시장에 다녀왔습니다. (　　)

29. 나는 수업 내용을 [하나]도 빠짐없이 기록했습니다. (　　)

30. [해]가 지자 금세 어두워졌습니다. (　　)

계속 ->

주관식 (31~50번)

※ 한자의 훈(뜻)과 음(소리)을 <보기>와 같이 한글로 쓰세요.

보기	一 (한 일)

31. 二 (　　　　　　　　)
32. 木 (　　　　　　　　)
33. 下 (　　　　　　　　)
34. 八 (　　　　　　　　)
35. 子 (　　　　　　　　)
36. 女 (　　　　　　　　)
37. 王 (　　　　　　　　)
38. 口 (　　　　　　　　)
39. 五 (　　　　　　　　)
40. 小 (　　　　　　　　)

※ 한자어의 독음(소리)을 <보기>와 같이 한글로 쓰세요.

보기	一日 (일일)

41. 父女 (　　　　　)
42. 下水 (　　　　　)
43. 十九 (　　　　　)
44. 土木 (　　　　　)

※ [　　] 안의 한자어의 독음(소리)을 <보기>에서 찾아 쓰세요.

보기	동물 친구 주의 문장 선생 학교

45. 등굣길에 [先生]님을 만나 공손히 인사를 했습니다.
(　　　　　　　　)

46. 나는 [親舊]에게 빌린 책을 돌려주었습니다.
(　　　　　　　　)

47. 일요일에 부모님과 함께 [動物]원에 다녀왔습니다.
(　　　　　　　　)

48. 동생은 독감에 걸려서 [學校]에 가지 못했습니다.
(　　　　　　　　)

49. 아버지가 하시는 말씀을 [注意] 깊게 들었습니다.
(　　　　　　　　)

50. 이 책의 [文章]들은 간단하고 이해하기가 쉽습니다.
(　　　　　　　　)

♣ 수고하셨습니다.

50문항 / 60분 시험

한자교육진흥회 [8급] 모의고사 제2회 문제지

객관식 (1~30번)

※ [ ] 안의 뜻에 맞는 한자를 찾아 번호를 쓰세요.

1. [여섯]

① 六 ② 山 ③ 七 ④ 四 ( )

2. [물]

① 火 ② 人 ③ 水 ④ 木 ( )

3. [작다]

① 小 ② 三 ③ 父 ④ 下 ( )

4. [여덟]

① 上 ② 子 ③ 九 ④ 八 ( )

5. [사람]

① 八 ② 人 ③ 中 ④ 火 ( )

6. [아버지]

① 女 ② 母 ③ 父 ④ 人 ( )

7. [임금]

① 二 ② 門 ③ 王 ④ 白 ( )

8. [달]

① 中 ② 月 ③ 門 ④ 日 ( )

9. [불]

① 五 ② 土 ③ 六 ④ 火 ( )

10. [위]

① 十 ② 上 ③ 下 ④ 七 ( )

※ [ ] 안의 한자어를 바르게 읽은 것을 찾아 번호를 쓰세요.

11. 어버이날을 맞아 부[母]님께 편지를 썼습니다.

① 자 ② 모 ③ 육 ④ 여 ( )

12. 우리는 다음 달 [四]일에 만나기로 했습니다.

① 사 ② 백 ③ 삼 ④ 오 ( )

13. 선생님의 안내에 따라 천천히 [下]차 했습니다.

① 인 ② 하 ③ 이 ④ 상 ( )

14. 매년 [九]월에 체육대회가 열립니다.

① 십 ② 오 ③ 칠 ④ 구 ( )

15. 세종 대[王]은 역사에 남을 많은 업적을 이루었습니다.

① 백 ② 상 ③ 왕 ④ 중 ( )

16. 지난주 [日]요일에 친구와 자전거를 탔습니다.
① 월 ② 화 ③ 일 ④ 토 (　　)

17. 엘리베이터가 고장 나서 [五]층까지 걸어 올라갔습니다.
① 칠 ② 오 ③ 사 ④ 구 (　　)

18. 이곳에 이사 온 지 벌써 [三]년이 되었습니다.
① 일 ② 칠 ③ 삼 ④ 팔 (　　)

19. [木]수가 톱으로 나무를 썰고 있습니다.
① 수 ② 목 ③ 인 ④ 삼 (　　)

20. 오[月]에는 어린이날과 어버이날이 있습니다.
① 일 ② 중 ③ 팔 ④ 월 (　　)

※ [　] 안의 뜻을 가진 한자를 <보기>에서 찾아 번호를 쓰세요.

보기	① 一 ② 土 ③ 八 ④ 山 ⑤ 上 ⑥ 中 ⑦ 口 ⑧ 十 ⑨ 白 ⑩ 門

21. 교실에 모인 학생은 모두 [열] 명입니다. (　　)

22. 우리 가족은 매년 가을 경치 좋은 [산]으로 단풍을 보러 갑니다. (　　)

23. 그는 [흙] 을 화분에 담았습니다. (　　)

24. 손에 짐이 많아 [문] 을 열 수 없습니다. (　　)

25. 삼촌은 저보다 [여덟] 살 많습니다. (　　)

26. 세 건물 중에서 [가운데] 있는 건물이 가장 높습니다. (　　)

27. 맛있는 음식을 보니 [입] 안에 군침이 고입니다. (　　)

28. [흰] 눈이 마당에 수북하게 쌓였습니다. (　　)

29. 방안이 먼지 [하나] 없이 깨끗합니다. (　　)

30. 연필이 책상 [위] 에 놓여 있습니다. (　　)

계속 ->

주관식 (31~50번)

※ 한자의 훈(뜻)과 음(소리)을 <보기>와 같이 한글로 쓰세요.

보기	一 (한 일)

31. 下 (　　　　　　　　)
32. 子 (　　　　　　　　)
33. 口 (　　　　　　　　)
34. 小 (　　　　　　　　)
35. 七 (　　　　　　　　)
36. 女 (　　　　　　　　)
37. 白 (　　　　　　　　)
38. 母 (　　　　　　　　)
39. 九 (　　　　　　　　)
40. 五 (　　　　　　　　)

※ 한자어의 독음(소리)을 <보기>와 같이 한글로 쓰세요.

보기	一日 (일일)

41. 火山 (　　　　　　　　)
42. 白人 (　　　　　　　　)
43. 水門 (　　　　　　　　)
44. 子女 (　　　　　　　　)

※ [　　] 안의 한자어의 독음(소리)을 <보기>에서 찾아 쓰세요.

보기	생활　내용　의견 사물　공부　식물

45. 오전에는 [工夫]를 하고 오후에는 동생과 영화를 봤습니다.
(　　　　　　　　)

46. 규칙적인 [生活]은 건강에 좋습니다.
(　　　　　　　　)

47. 이 [植物]은 온도와 습도에 민감하게 반응합니다.
(　　　　　　　　)

48. 수업 [內容]을 하나도 빠짐없이 공책에 적었습니다.
(　　　　　　　　)

49. 주변이 어두워서 [事物]이 뚜렷하게 보이지 않습니다.
(　　　　　　　　)

50. 내 [意見]을 듣고 친구는 고개를 끄덕였습니다.
(　　　　　　　　)

♣ 수고하셨습니다.

50문항 / 60분 시험

한자교육진흥회 [8급] 모의고사 제3회 문제지

객관식 (1~30번)

※ [ ] 안의 뜻에 맞는 한자를 찾아 번호를 쓰세요.

1. [다섯]

① 五 ② 七 ③ 十 ④ 土 ( )

2. [가운데]

① 子 ② 王 ③ 水 ④ 中 ( )

3. [아래]

① 小 ② 下 ③ 九 ④ 上 ( )

4. [넷]

① 日 ② 四 ③ 六 ④ 七 ( )

5. [나무]

① 父 ② 上 ③ 木 ④ 水 ( )

6. [어머니]

① 女 ② 口 ③ 父 ④ 母 ( )

7. [열]

① 十 ② 山 ③ 王 ④ 月 ( )

8. [작다]

① 水 ② 八 ③ 小 ④ 人 ( )

9. [날]

① 一 ② 日 ③ 火 ④ 白 ( )

10. [아들]

① 六 ② 小 ③ 子 ④ 三 ( )

※ [ ] 안의 한자어를 바르게 읽은 것을 찾아 번호를 쓰세요.

11. 자전거를 [門] 앞에 세웠습니다.

① 모 ② 문 ③ 산 ④ 구 ( )

12. 우리 할머니는 [六]십 세가 넘었습니다.

① 팔 ② 대 ③ 육 ④ 사 ( )

13. [土]양에 영양분이 풍부하여 식물이 잘 자랍니다.

① 토 ② 월 ③ 금 ④ 목 ( )

14. 겨울철에는 [火]재가 많이 일어납니다.

① 일 ② 이 ③ 수 ④ 화 ( )

15. [女]학생 몇 명이 벤치에 앉아 있습니다.

① 중 ② 여 ③ 소 ④ 모 ( )

16. 어머니는 [月]초에 용돈을 주십니다.

① 일 ② 백 ③ 월 ④ 목 (   )

17. 새로 이사한 집은 [八] 층입니다.

① 팔 ② 화 ③ 구 ④ 입 (   )

18. 현주는 주말마다 남[山]에 오릅니다.

① 삼 ② 왕 ③ 토 ④ 산 (   )

19. 우리는 [白]기를 흔들며 응원했습니다.

① 일 ② 백 ③ 사 ④ 모 (   )

20. 시력이 나빠 사물이 [二]중으로 보입니다.

① 상 ② 삼 ③ 왕 ④ 이 (   )

※ [ ] 안의 뜻을 가진 한자를 <보기>에서 찾아 번호를 쓰세요.

보기	① 口 ② 人 ③ 父 ④ 上 ⑤ 女 ⑥ 三 ⑦ 王 ⑧ 一 ⑨ 水 ⑩ 七

21. 그녀는 우리나라 [여자] 육상대표 선수입니다. (   )

22. 강물 [위]에 배를 띄웠습니다. (   )

23. 준비물을 [하나]도 빠짐없이 챙겼습니다. (   )

24. 오늘 경기에서 [일곱] 개의 홈런이 나왔습니다. (   )

25. 나는 작은아버지가 [세] 분 있습니다. (   )

26. 사람들과 함께 있을 때는 [입]을 가리고 기침해야 합니다. (   )

27. 이 음식은 [임금]님께 올리던 귀한 음식입니다. (   )

28. 놀이공원은 [사람]들로 가득 차 있었습니다. (   )

29. [아버지]는 손님과 이야기를 나누고 계십니다. (   )

30. [물]고기들이 떼를 지어 헤엄칩니다. (   )

계속 ->

주관식 (31~50번)

※ 한자의 훈(뜻)과 음(소리)을 <보기>와 같이 한글로 쓰세요.

보기	一 (한 일)

31. 三 (　　　　　　)
32. 門 (　　　　　　)
33. 口 (　　　　　　)
34. 六 (　　　　　　)
35. 木 (　　　　　　)
36. 中 (　　　　　　)
37. 上 (　　　　　　)
38. 父 (　　　　　　)
39. 四 (　　　　　　)
40. 日 (　　　　　　)

※ 한자어의 독음(소리)을 <보기>와 같이 한글로 쓰세요.

보기	一日 (일일)

41. 小子 (　　　　)
42. 上水 (　　　　)
43. 母女 (　　　　)
44. 火口 (　　　　)

※ [　　] 안의 한자어의 독음(소리)을 <보기>에서 찾아 쓰세요.

보기	인물　주의　내용 의견　생활　문장

45. 폐품을 이용해 [生活]용품을 만들었습니다.
(　　　　　　)

46. 이 연극은 등장 [人物]들의 연기가 훌륭합니다.
(　　　　　　)

47. 이 책의 제목은 [內容]과 어울리지 않습니다.
(　　　　　　)

48. 현수는 항상 자기 [意見]만 고집스럽게 내세웁니다.
(　　　　　　)

49. 여름철에는 음식물 보관에 [注意]해야 합니다.
(　　　　　　)

50. 선생님을 따라 한 [文章]씩 읽었습니다.
(　　　　　　)

♣ 수고하셨습니다.

※답안지는 컴퓨터로 처리되므로 구기거나 더럽히지 마시고, 정답 칸 안에만 쓰십시오.
글씨가 채점란으로 들어오면 오답처리가 됩니다.

※ 유성 싸인펜, 붉은색 필기구 사용 불가.

한국어문회 8급 모의고사 제1회 답안지 (1)

답안란		채점란		답안란		채점란	
번호	정답	1검	2검	번호	정답	1검	2검
1				13			
2				14			
3				15			
4				16			
5				17			
6				18			
7				19			
8				20			
9				21			
10				22			
11				23			
12				24			

※ 본 답안지는 컴퓨터로 처리되므로 구겨지거나 더럽혀지지 않도록 조심하시고 글씨를 칸 안에 또박또박 쓰십시오.

한국어문회 8급 모의고사 제1회 답안지 (2)

답안란		채점란		답안란		채점란	
번호	정답	1검	2검	번호	정답	1검	2검
25				38			
26				39			
27				40			
28				41			
29				42			
30				43			
31				44			
32				45			
33				46			
34				47			
35				48			
36				49			
37				50			

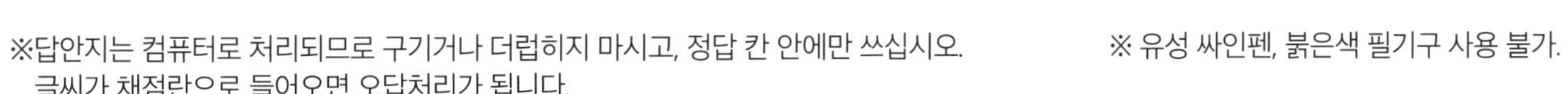

※답안지는 컴퓨터로 처리되므로 구기거나 더럽히지 마시고, 정답 칸 안에만 쓰십시오.
글씨가 채점란으로 들어오면 오답처리가 됩니다.

※ 유성 싸인펜, 붉은색 필기구 사용 불가.

한국어문회 8급 모의고사 제2회 답안지 (1)

답안란		채점란		답안란		채점란	
번호	정답	1검	2검	번호	정답	1검	2검
1				13			
2				14			
3				15			
4				16			
5				17			
6				18			
7				19			
8				20			
9				21			
10				22			
11				23			
12				24			

※ 본 답안지는 컴퓨터로 처리되므로 구겨지거나 더럽혀지지 않도록 조심하시고 글씨를 칸 안에 또박또박 쓰십시오.

한국어문회 8급 모의고사 제2회 답안지 (2)

답안란		채점란		답안란		채점란	
번호	정답	1검	2검	번호	정답	1검	2검
25				38			
26				39			
27				40			
28				41			
29				42			
30				43			
31				44			
32				45			
33				46			
34				47			
35				48			
36				49			
37				50			

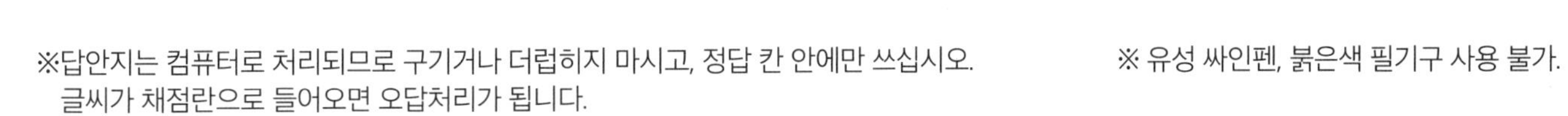

※답안지는 컴퓨터로 처리되므로 구기거나 더럽히지 마시고, 정답 칸 안에만 쓰십시오.
글씨가 채점란으로 들어오면 오답처리가 됩니다.

※ 유성 싸인펜, 붉은색 필기구 사용 불가.

한국어문회 8급 모의고사 제3회 답안지 (1)

답안란		채점란		답안란		채점란	
번호	정답	1검	2검	번호	정답	1검	2검
1				13			
2				14			
3				15			
4				16			
5				17			
6				18			
7				19			
8				20			
9				21			
10				22			
11				23			
12				24			

※ 본 답안지는 컴퓨터로 처리되므로 구겨지거나 더럽혀지지 않도록 조심하시고 글씨를 칸 안에 또박또박 쓰십시오.

한국어문회 8급 모의고사 제3회 답안지 (2)

답안란		채점란		답안란		채점란	
번호	정답	1검	2검	번호	정답	1검	2검
25				38			
26				39			
27				40			
28				41			
29				42			
30				43			
31				44			
32				45			
33				46			
34				47			
35				48			
36				49			
37				50			

한자교육진흥회 [8급] 모의고사 제1회 답안지

▣ 객관식 ▣

1		6		11		16		21		26	
2		7		12		17		22		27	
3		8		13		18		23		28	
4		9		14		19		24		29	
5		10		15		20		25		30	

▣ 주관식 ▣

31		41	
32		42	
33		43	
34		44	
35		45	
36		46	
37		47	
38		48	
39		49	
40		50	

한자교육진흥회 [8급] 모의고사 제2회 답안지

▣ 객관식 ▣

1		6		11		16		21		26	
2		7		12		17		22		27	
3		8		13		18		23		28	
4		9		14		19		24		29	
5		10		15		20		25		30	

▣ 주관식 ▣

31		41	
32		42	
33		43	
34		44	
35		45	
36		46	
37		47	
38		48	
39		49	
40		50	

한자교육진흥회 [8급] 모의고사 제3회 답안지

■ 객관식 ■

1		6		11		16		21		26	
2		7		12		17		22		27	
3		8		13		18		23		28	
4		9		14		19		24		29	
5		10		15		20		25		30	

■ 주관식 ■

31		41	
32		42	
33		43	
34		44	
35		45	
36		46	
37		47	
38		48	
39		49	
40		50	

一	二	三	四
五	寸	六	七
八	九	十	年
父	母	兄	弟

넉 사
석 삼
두 이
한 일
일곱 칠
여섯 륙(육)
마디 촌
다섯 오
해 년
열 십
아홉 구
여덟 팔
아우 제
형 형
어미 모
아비 부

子
女
日
月
青
白
山
人
水
金
火
木
土
韓
國
東

달 월

날 일

여자 녀(여)

아들 자

사람 인

메 산

흰 백

푸를 청

나무 목

불 화

쇠 금 / 성 김

물 수

동녘 동

나라 국

나라 / 한국 한

흙 토

西 南 北 學

校 教 室 先

生 上 下 大

小 中 外 軍

배울 학

북녘 북
/ 달아날 배

남녘 남

서녘 서

먼저 선

집 실

가르칠 교

학교 교

큰 대

아래 하

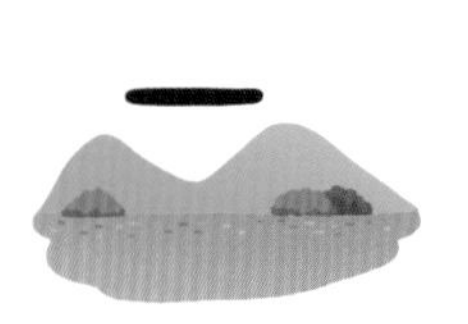

윗 상

날 생

군사 군

바깥 외

가운데 중

작을 소

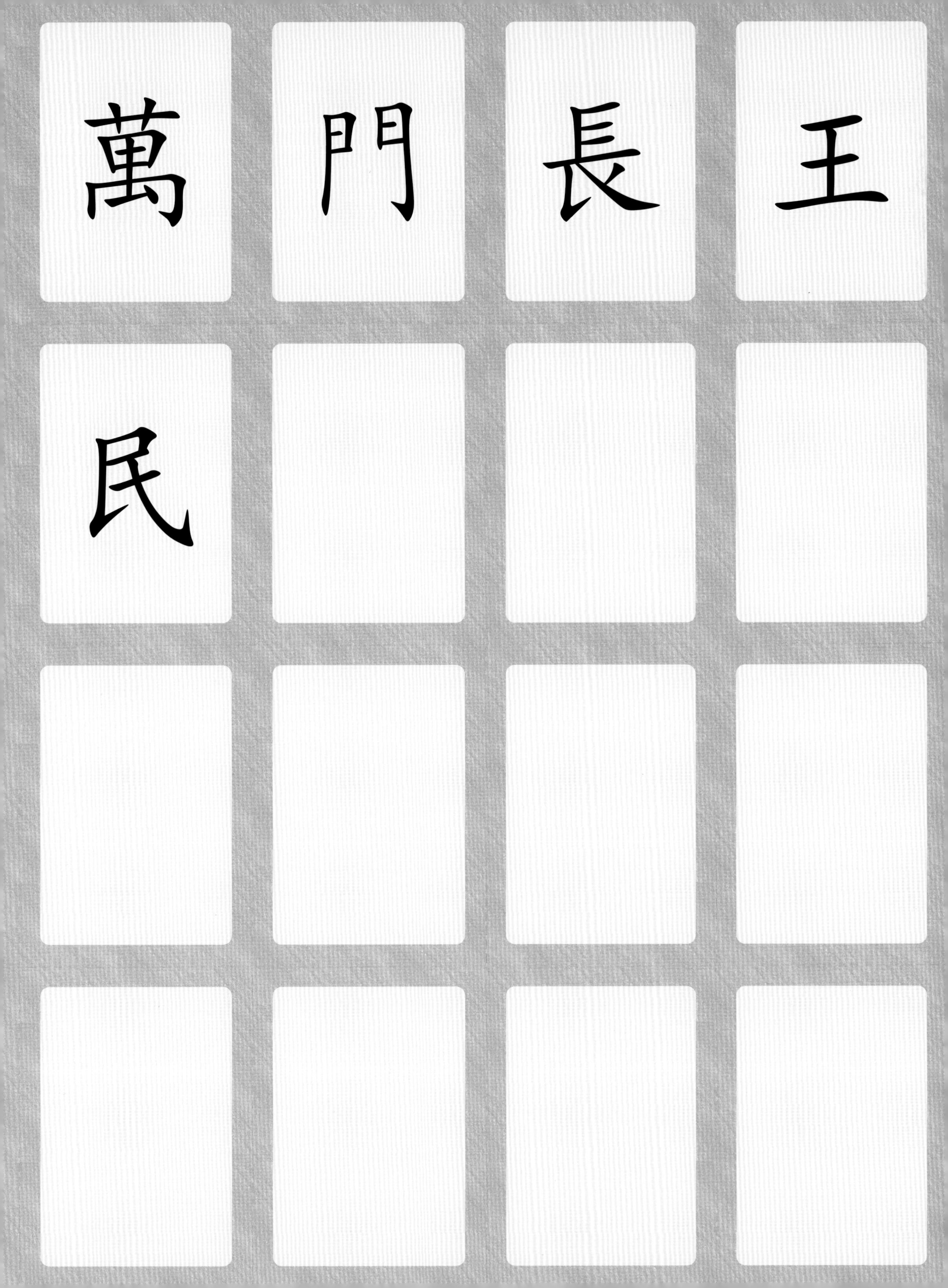
萬
門
長
王
民

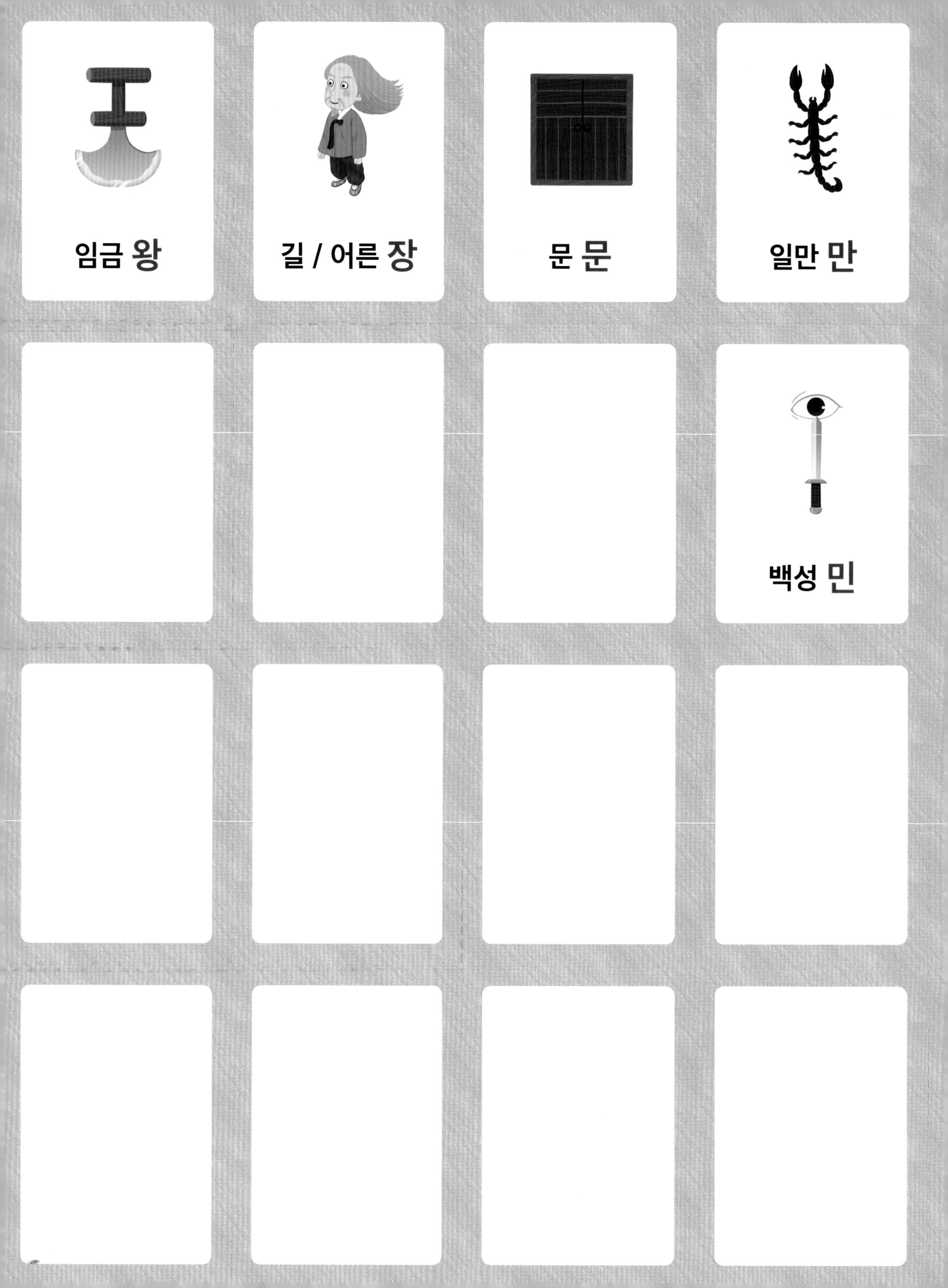
임금 왕
길 / 어른 장
문 문
일만 만
백성 민

金	南	女	年	大
쇠 금 / 성 김	남녘 남	여자 녀(여)	해 년	큰 대
門	民	白	父	北
문 문	백성 민	흰 백	아비 부	북녘 북
先	小	水	室	十
먼저 선	작을 소	물 수	집 실	열 십
人	一	日	長	弟
사람 인	한 일	날 일	길 / 어른 장	아우 제
八	學	韓	兄	火
여덟 팔	배울 학	나라 / 한국 한	형 형	불 화

어문회 급수한자 8급 50자

校 학교 교	敎 가르칠 교	九 아홉 구	國 나라 국	軍 군사 군
東 동녘 동	六 여섯 륙(육)	萬 일만 만	母 어미 모	木 나무 목
四 넉 사	山 메 산	三 석 삼	生 날 생	西 서녘 서
五 다섯 오	王 임금 왕	外 바깥 외	月 달 월	二 두 이
中 가운데 중	靑 푸를 청	寸 마디 촌	七 일곱 칠	土 흙 토